高等职业院校新形态**通识教育**系列教材

微课版

中华商业文化

谢巍巍　张宇◎主编

人民邮电出版社

北京

图书在版编目（CIP）数据

中华商业文化 ：微课版 / 谢巍巍，张宇主编.
北京 ：人民邮电出版社，2025. -- （高等职业院校新形
态通识教育系列教材）. -- ISBN 978-7-115-65187-7

Ⅰ. F72

中国国家版本馆 CIP 数据核字第 2024846F5P 号

内 容 提 要

  本书以中华传统文化在商业实践中的影响、传承、融合与光大为主线，系统阐述了伴随商业活动成长起来的中华商业文化的内涵和外延，分析了其对经济发展和社会进步的影响和推动作用。在数智化时代背景下，本书力求将传统与现代商业文化兼收并蓄，取中外商业思想之精华，将以人为本的商业情怀融入其中，倡导合作共赢、和谐发展，并展现新时代社会主义奋斗者的精神风貌。

  本书共 8 章，包括商业文化概论、中华商业文化的演变与觉醒、中华传统文化与商业、商业道德与社会责任、商业活动中的角色、商业运营文化、商业规则文化、新时代的商业文化等内容。全书紧扣推动中华商业文化创造性转化与创新性发展的时代要求，既有理论概述又有精髓详释，涉及面广，内容翔实，便于读者把握中华商业文化的基本内容并形成对待商业活动的正确态度。

  本书可作为高等职业院校和本科院校商科学生的通识类教材，也可供对中华商业文化感兴趣的社会公众学习、使用，还可作为商业活动及商业文化研究人员的参考用书。

 ◆ 主　　编　谢巍巍　张　宇
  责任编辑　王　振
  责任印制　王　郁　彭志环

 ◆ 人民邮电出版社出版发行　　北京市丰台区成寿寺路 11 号
  邮编　100164　电子邮件　315@ptpress.com.cn
  网址　https://www.ptpress.com.cn
  北京市艺辉印刷有限公司印刷

 ◆ 开本：787×1092　1/16
  印张：10　　　　　　　　　　2025 年 1 月第 1 版
  字数：237 千字　　　　　　　2025 年 1 月北京第 1 次印刷

定价：49.80 元

读者服务热线：**(010)81055256**　印装质量热线：**(010)81055316**
反盗版热线：**(010)81055315**
广告经营许可证：京东市监广登字 20170147 号

序　言

从原始社会部落间的物品交换，到商周时期的商业萌芽，再到春秋战国时期商业的第一次飞跃性发展，中华商业逐渐走向繁荣。尔后，中华商业经历了魏晋南北朝时期的纷乱，唐朝之始的辉煌，历经岁月的洗礼，又在百年耻辱中蹒跚而行，终于迎来了今天的复兴。

中国历代王朝大都奉行重农抑商的思想，推行以抑商为主的政策，帝王们喜欢对商业严加控制并加以富有主观色彩的干预，而古代所谓的对外贸易均带有浓厚的政治和外交色彩，此种"商业"更多地承载着皇权的威武与恩赐。真正的商业行为只是滚滚商品经济洪流中的冰山一角，但我们也能够从中窥探商业发展的某些特质，感受中华商业史的灿烂。

几千年来，中国古代的商贾一直在国家权力的夹缝中生存、成长、发展，他们不得不与官府打交道，以保证商途的顺畅。在我国历史上，那些比较兴盛的朝代往往也是商业繁荣的时期。人们的生活离不开商人，正所谓"无商不通货财"，恰如《史记·货殖列传》所说："夫用贫求富，农不如工，工不如商。"商业是社会发展的润滑剂，也是人们生活水平提升的加速器，所以不管自秦汉以来的统治者如何重农抑商，都没能阻止商业的发展，商业活动作为社会发展的重要一环，是不能被省略的。

在漫长的历史中，商人的地位一直比较低下，即使在有的时期略有提升，但也不过是昙花一现。清朝时期，雍正帝还下谕重定四民之序，即四民以士为首，农次之，工商其下，最高统治者仍然从伦理上强调商人地位的低下。这种忽略商业作用与地位的做法无疑是违背自然和社会规律的。

中华商业发展与商业文化、商业精神同频共振，相互激荡，从一个侧面展现了中华优秀传统文化中的济世经邦、富国裕民、守信践诺等价值取向和行为准则。我们研究中华商业文化，抛开商业史的时间维度，以横向的视角来审视影响商业文明的因素，力求找到决定中华商业文化兴衰的关键因素。在商品经济空前繁荣的当代，我们更应在汲取前人的商业智慧的前提下，不断探索，勇于担当，为推动社会经济繁荣、传承中华商业文化贡献力量，为中华民族的伟大复兴而努力。

万久玲

二○二四年十一月

前　言

商业不仅创造了巨大的物质财富，促进了经济与社会的发展，还孕育了丰富的商业文化，塑造出商业文化独特的价值底蕴与核心精神。在商业形态日益丰富、商业发展日渐迅速的大背景下，中华商业文化的精髓不仅能为学生正确地认识商业现象提供理论指导，有助于学生树立和坚守正确的商业价值观，也能为学生创造性地解决商业领域的问题提供历史经验。为此，编者结合教学实践，编写了本书。

本书内容可以分为两大板块。第一个板块包括前4章内容，侧重于对商业活动和商业文化的溯源与介绍，帮助读者认识商业文化的历史、商业文化对经济和社会生活的重要影响，也分析了商业活动中人们面对道德与利益冲突时的选择等。第二个板块包括后4章内容，主要对商业活动中的角色、商业运营文化、商业规则文化及新时代的商业文化进行较为全面的阐述。总体而言，本书主要具有以下几个特色。

一、立德树人，素质为本

党的二十大报告指出："育人的根本在于立德。"本书有机融入党的二十大精神，积极践行立德树人的理念，以培养学生的人文素养为目标，将诚实守信、以义为先、勤劳节俭和改革创新等商业精神有机地融入各个模块中，将知识学习和素质教育融合在一起，以实现协同育人的教学目的。

二、结构合理，内容充实

本书以商业发展为线索串联商业文化知识，以"实用、够用"为原则安排相关内容。同时，本书还精选了古代知名商贾的经商事迹，使学生在感悟其经商之道的基础上，领会中华商业文化的核心内涵。

三、巧设模块，兼收并蓄

为了提升内容的可读性，调动学生学习的积极性与主动性，本书在对知识点的讲解中巧妙设置了"案例导入""延伸阅读""商业故事""商业知识""知识窗口"等模块，以进一步加深学生对理论知识的理解。

四、图文并茂，版面精美

本书在正文中穿插大量的图片，旨在以更加生动的形式阐释相关知识。同时，本书版面设计合理且色彩分明，能在传递信息的同时使学生获得视觉上的享受，从而激发学生的阅读兴趣，提高其学习效率。

本书采用"图文＋微课＋实例"的编写模式，配有丰富的教学资源，包括教学大纲、教学

PPT、微课、商业案例库等，读者可以扫描书中二维码或者访问人邮教育社区（www.ryjiaoyu.com）查看。

本书由河南职业技术学院的谢巍巍、张宇担任主编。谢巍巍负责全书的统筹，并负责第一章至第五章内容的编写，张宇负责第六章至第八章内容的编写。河南飞啦教育科技有限公司为本书提供了宝贵的建议及案例资源，在此表示衷心的感谢。

由于编者水平有限，书中难免存在不足之处，敬请读者批评指正。

编者

二〇二四年九月

目　录

第一章

商业文化概论 …………………… 1

第1节　商业与商业文化 …………… 2

一、商业的定义和特征 …………… 2

二、商业文化的内涵 ……………… 3

三、商业价值观 …………………… 4

第2节　中国古代商业的发展 ……… 7

一、古代商业的产生和发展 ……… 8

二、古代商业模式 ………………… 9

三、古代商业思想主要内容 ……… 10

第3节　中华传统文化与商业文化 … 13

一、中华传统文化的内容 ………… 13

二、百家思想对商业文化的影响 …… 14

三、中华传统文化对商业文化的影响 … 18

第二章

中华商业文化的演变与觉醒 … 21

第1节　传统经济体系的演变 ……… 22

一、农耕经济对文化的影响 ……… 22

二、海商与全球化的开端 ………… 23

三、民族资本主义的兴起 ………… 24

第2节　中西方商业文化的比较 …… 26

一、中西方商业思想的发展脉络 …… 26

二、中西方商业价值观的比较 …… 27

三、挑战与碰撞带来的影响 ……… 29

第3节　商业文化的融合发展 ……… 32

一、全球化背景下的商业趋势 …… 32

二、中西方商业文化的融合 ……… 33

三、中华商业文化的新发展 ……… 34

第三章

中华传统文化与商业 ········· 36

第1节　茶文化 ················ 37

一、茶文化的演变发展 ········· 37

二、茶文化的表现形式 ········· 39

三、中国茶道的思想核心 ······· 39

四、中国茶道对商业的启发 ····· 40

第2节　饮食文化与商务社交礼仪 ···· 41

一、酒与酒文化 ·············· 41

二、中国饮食文化的特点 ······· 44

三、商务社交礼仪 ············ 46

第3节　"国潮"文化中的商机 ···· 49

一、中国传统服饰文化特色 ····· 49

二、"国潮"服饰的特征 ········ 50

三、"国潮"中的商机 ·········· 51

第四章

商业道德与社会责任 ········· 53

第1节　商业与道德的冲突 ······ 54

一、道德冲突 ··············· 54

二、商业道德冲突 ············ 55

三、树立正确的义利观 ········· 56

第2节　商业道德选择与评价 ········ 58

一、商业道德选择 ············ 58

二、商业道德选择的影响因素 ······ 58

三、商业道德评价 ············ 59

第3节　企业的商业道德与社会责任 ··· 61

一、企业的商业道德 ·········· 61

二、企业的社会责任 ·········· 61

三、企业社会责任的体现 ······· 63

第五章

商业活动中的角色 ············ 65

第1节　商业活动中的买方——顾客 ··· 66

一、顾客的类型与管理 ········· 66

二、顾客需求的洞察与满足 ······· 69

三、顾客忠诚度的提升 ········· 70

第2节　商业活动中的卖方——商人 ··· 72

一、商人的定义和内涵 ········· 72

二、商人角色的历史演变 ········ 73

三、商人在社会中的角色与影响 ····· 73

第3节　商业活动的纽带——商帮 ··· 77

一、商帮的起源与形成 ········· 77

二、商帮的特点与作用 ········· 77

三、商帮的变迁与发展 ········· 79

第4节　商业活动的载体——公司 ··· 83

一、公司的定义与性质 ……………… 83

二、公司的地位与作用 ……………… 83

三、公司制的发展历程 ……………… 84

四、公司制的主要内容 ……………… 85

五、公司制的发展趋势 ……………… 86

第5节 商业活动的媒介——货币 … **88**

一、货币的演变 …………………… 89

二、通胀与通缩 …………………… 92

第6节 商业活动的场所——市场 … **94**

一、古代商业市场的发展 …………… 94

二、近代商业市场的发展 …………… 96

三、现代商业市场的发展 …………… 98

第六章

商业运营文化 …………… 101

第1节 营销文化 …………………… **103**

一、营销文化的主要内容 …………… 103

二、营销文化的影响因素 …………… 105

三、营销文化的变革 ………………… 105

第2节 信用文化 …………………… **106**

一、信用的产生与发展 ……………… 106

二、信用的作用 …………………… 108

三、商业信誉 ……………………… 109

第3节 盈利文化 …………………… **111**

一、盈利文化的定义及特点 ………… 111

二、盈利文化的构建及作用 ………… 112

三、利润的主要特性 ………………… 114

第4节 品牌文化 …………………… **115**

一、品牌的定义 …………………… 115

二、品牌管理的内容 ………………… 116

三、品牌管理的方法 ………………… 116

第七章

商业规则文化 …………… 118

第1节 公司治理文化 ……………… **119**

一、公司治理的相关理论 …………… 119

二、公司治理的目标和主要原则 …… 121

三、公司治理的组织结构 …………… 122

第2节 贸易文化 …………………… **124**

一、等价交换原则 ………………… 124

二、贸易运行的原则 ………………… 125

第3节 税制文化 …………………… **129**

一、税收的定义和特征 ……………… 129

二、税收的作用 …………………… 130

第4节 商业竞争文化 ……………… **133**

一、战争论与商业竞争 ……………… 133

二、博弈论与商业竞争 ……………… 135

三、竞合理论与商业文化 …………… 135

第八章
新时代的商业文化 ………… 136

第1节　家族制商业文化 …………137

    一、家族制管理的制度设计 ……… 138

    二、家族制企业存在的问题 ……… 139

    三、现代家族制企业管理转型之路… 139

第2节　数智时代的商业文化 ………142

    一、数智时代的经济特征 ………… 142

    二、数智时代的商业文化特征 ……… 143

    三、数智时代的互联网思维 ………… 144

第3节　创业精神与企业家精神 …… 146

    一、创业精神的概念 ………… 146

    二、创业精神的本质 ………… 146

    三、企业家精神的内核 ………… 148

第4节　以人为本的商业文化 ………149

    一、以人为本的商业文化的内涵 …… 149

    二、以人为本的管理实践 …………… 149

    三、商业模式设计的归宿 …………… 150

第一章
商业文化概论

在新的历史时期，中华商业文化亟待我们挖掘与重构。我们在过往学习专业课程的过程中，了解了许多来自国外的先进商业理论和市场观念，也接触了很多国外的商业文化及其话语体系。它山之石，可以攻玉，但事物都有其两面性，如果我们只是单纯地效仿，无异于邯郸学步、东施效颦。与此同时，伴随商品经济的高速发展，在商业实践中如何实现人与人的和谐、人与社会的和谐、人与自然的和谐成为亟待解决的现实问题。而在解决现实问题方面，基于整体论世界观的中华商业文化智慧更是有其独特的优势。

学习目标

知识目标	了解商业的定义和特征，熟悉商业文化的内涵，理解文化洋葱模型，并掌握正确的商业价值观。
能力目标	能够运用商业文化的基本理论分析和解决商业实践中的问题，具备一定的商业文化素养和商业创新能力。
素养目标	激发学生对商业的兴趣，培养学生从商业视角解析问题的能力，以帮助学生在未来的职业生涯中取得成功。

案例导入

《陶朱公商训》的启迪

范蠡，字少伯，后自号陶朱公，春秋战国时期越国人，是越王勾践的谋士，在帮助越国灭吴国后功成身退，前往货物集散交易中心陶丘（今山东定陶）经商并富甲天下，后世商人尊他为商祖、经营之神。他的《陶朱公商训》[①]被誉为商人之宝，传扬海外，涵盖了经管和管理的各个层面。

---

① 又说为后人仿作，且版本众多。

图：范蠡像

《陶朱公商训》

能识人：知人善恶，账目不负

能接纳：礼文相待，交关者众

能安业：厌故喜新，商贾大病

能整顿：货物整齐，夺人心目

能敏捷：犹豫不决，终归无成

能讨账：勤谨不怠，取讨自多

能用人：因才器使，任事有赖

能辩论：生财有道，阐发愚蒙

能办货：置货不苛，蚀本便经

能知机：售贮随时，可称名哲

能倡率：躬行以律，亲感自生

能运数：多寡宽紧，酌中而行

《陶朱公商训》用简单的语言阐述了一个道理："欲从商，先为人。"能识人、能接纳、能安业……这些不仅是做人做事的原则，更是一个商人成功的秘诀。

思考：通过阅读《陶朱公商训》，请你从商业文化的角度分析其中的一些原则为什么直到今天仍被人们遵循。

第1节　商业与商业文化

一、商业的定义和特征

1. 商业的定义

商业通常被称为贸易或交易，是一种涉及商品、服务交换的活动。商业的本质是价值的交换，它存在于人类社会的各个阶段，其形式从原始的物物交换演变为现代的复杂贸易。

商业不仅涉及商品或服务的直接买卖，还包括与其相关的各种活动，如市场研究、商品开发、品牌建设、销售推广、物流配送等。简而言之，商业是一种满足人们需求、促进资源分配、创造价值的活动。

商业的目的是通过交换和交易创造利润，这也是商业的本质。商业通过生产、销售、服务等方式来满足人们的需求，促进社会的发展。

2．商业的特征

商业具有以下几个特征。

（1）重视生产、销售和服务。商业的核心是生产和销售商品或提供服务，商业通过生产和销售商品或提供服务来创造利润。

（2）以市场需求为导向。商业需要根据市场需求来生产商品或提供服务，并通过市场交易来创造利润。

（3）以利润为导向。商业的目的是创造利润，为商人带来经济利益。

（4）具有竞争性。商业领域存在着激烈的竞争，商家需要通过不断创新和提高服务质量来获得市场份额和利润。

（5）具有一定的风险性。商人需要面对市场风险、经济风险、政策风险等多种风险，需要具备一定的风险管理能力。

"无农不稳，无工不富，无商不活"，商业在现代社会中发挥着重要的作用，它对经济、社会、文化等方面都有着深远的影响。

二、商业文化的内涵

商业文化是指各种商业活动中形成的文化现象和文化成果。它以高度的现实性、实用性和人性化的特点，适应着当今商业社会的发展需要和企业文化的要求，旨在塑造企业形象，增强企业的软实力，提高企业的核心竞争力。商业文化的内涵包括以下几个方面。

（1）价值观念。价值观念是商业文化的核心内涵。不同企业的价值观念不同，大致可以分为以利润为中心、以顾客为中心、以人性化为中心等多种类型。

（2）文化场景。商业文化的形成离不开文化场景。商场、超市、展会、会议等活动场所都会产生不同的商业文化，支撑各类商业活动的开展。

（3）商业习惯。商人遵循的商业习惯也属于商业文化的一部分，比如注重面子和礼尚往来等。

（4）商业礼仪。商人在商业活动中需要遵循的商业礼仪也是商业文化的一部分。不同地区、不同文化背景下的商业礼仪也促进了不同商业文化的形成。

知识窗口

文化洋葱模型

文化在层次理论中共分为 3 层：表层、中层和核心层。

（1）表层文化通过人们平时能观察到的外在物品来表现。一般来说，文化不同的国家和地区，有不同的语言、电影、绘画、服装、音乐、饮食、建筑甚至商品市场等。

（2）中层文化是指一个社会的规范和价值观。其中，社会规范是一个群体中的多数人在某一情形下都会做的事，反映在行礼、握手、拥抱等行为举止、习俗和生活方式上；而社会价值观决定"好"与"坏"的定义，与社会群体共有的理想密切相关。

（3）核心层文化是一个社会共同的关于人为什么存在的假设，它触及该社会中人们最根深蒂固、不容置疑的观念。比如，人与生俱来的权利，人存在的价值，个人与他人的关系。

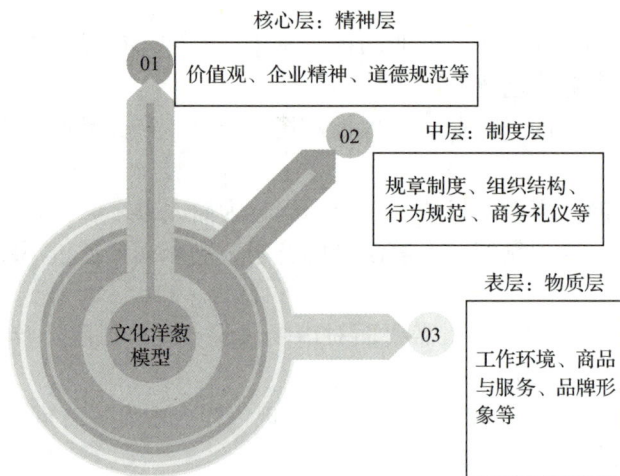

核心层：精神层
01 价值观、企业精神、道德规范等

中层：制度层
02 规章制度、组织结构、行为规范、商务礼仪等

表层：物质层
03 工作环境、商品与服务、品牌形象等

文化洋葱模型

图：文化洋葱模型

对于一个社会的核心层文化理念，生活在该社会中的人可能很少关注。然而，这些文化理念却很难被生活在另一个社会中的人完全理解。因此，当来自另一个社会的人问"为什么某个文化理念会成为社会的基石？"时，你会发现自己用三言两语是难以解释的。你必须从头说起，从该社会的历史发展过程、突出的历史人物和历史事件开始，讲到整个文化理念体系从提出、整理加工，到最后形成的经过，从而回答这一问题。如果一个有关文化理念的问题需要我们追溯几代以上的历史方能回答清楚，就说明该理念触及了一个社会的核心层文化。

文化的3层之间有着不可分割的联系：核心层驱动和影响中层，中层又驱动和影响表层，表层则是核心层最直接的物质表现。

★ 思考

分别举例说明商业文化的3个层次在日常经济活动中的体现。

三、商业价值观

商业价值观是商业活动中的一种核心价值观，涉及诚信、责任、创新等多个方面。商业价值观起着至关重要的作用，指导企业的决策和行为，并影响企业的发展。以下是一些主要的商业价值观。

（1）顾客至上。商业的核心在于满足顾客的需求。一个成功的企业必须始终将顾客的需求放在首位，努力提供高质量的产品和服务，创造良好的顾客体验。顾客至上这种商业价值观强调关注顾客的需求，倾听他们的声音，并努力达到他们的期望。

（2）诚信经营。诚信是商业行为的基石。企业应该始终保持诚实、透明和守信，对顾客、合作伙伴和股东负责。诚信经营这种商业价值观要求企业在经营活动中遵守道德规范，避免做出欺诈或误导行为，以维护自己的声誉。

（3）创新求变。商业环境变化迅速，企业需要不断创新以适应市场的变化和需求。创新求变这种商业价值观鼓励企业不断探索新的商业模式、技术和服务，以满足顾客的需求并保持竞争优势。同时，它也强调勇于尝试、接受失败、学习并持续改进的精神。

（4）合作共赢。商业活动往往涉及多个利益相关者，企业需要与合作伙伴、供应商和股东建立良好的合作关系。合作共赢这种商业价值观强调企业相互支持、协作和共同发展，通过合作实现互利共赢，增强竞争力。

（5）追求卓越。追求卓越是企业不断提升自身能力、创造卓越绩效的动力。这种商业价值观鼓励企业不断改进流程、提高商品质量、降低成本、增强创新能力，以创造卓越的经营业绩。同时，企业追求卓越也意味着培养高素质的员工，激励他们发挥潜力，为企业的发展做出贡献。

（6）承担社会责任。企业在追求经济效益的同时，也应该关注自身对社会和环境的影响。承担社会责任这种商业价值观要求企业承担起对社会的责任，积极参与公益事业，关注环境保护，提供公平的就业机会，保障员工的权益，为社会的发展做出贡献。

（7）持续发展。企业应该注重长期发展，追求可持续的经营模式；积极应对市场变化，调整战略方向，保持竞争力，同时注重资源节约和环境保护，实现可持续发展。

（8）节约资源。在商业活动中，资源是企业的重要资产之一。节约资源这种商业价值观鼓励企业合理利用资源，降低成本，提高效率。通过进行有效的资源管理，企业可以减少浪费、降低环境负荷、提高经济效益，为社会的可持续发展做出贡献。

商业价值观是指导企业决策和行为的准则。顾客至上、诚信经营、创新求变、合作共赢、追求卓越、承担社会责任、持续发展和节约资源等商业价值观相互关联，共同构成了企业的价值观体系。对于一个成功的企业来说，树立正确的商业价值观并将其融入企业文化中至关重要。

商业故事

海底捞的商业故事

1994年3月，张勇辞掉了并不喜欢的电焊工作，说服妻子和另外两个朋友一起凑了8000元，在四川简阳县城一栋临街的二层楼上开了一家麻辣烫店。

然而，张勇毕竟不是做麻辣烫的行家，其菜品的口味比不过其他同行。为了生意能够长久，他在其他方面多花了些心思，比如，对客人的态度好一些，在客人要什么时回应速度快一点，在客人不满意时多赔笑脸，等等。久而久之，张勇发现，越来越多的客人愿意来店里光顾，哪怕他有服务不周的地方，客人也不会怪罪，有时还会指点他应该如何做好。

这让张勇明白一个道理：口味并非口碑的全部，良好的服务能在很大程度上弥补菜品在口味上的不足。从此，张勇在服务上做得更加卖力：帮客人带孩子、拎包甚至擦鞋……

几乎是有求必应、毫不拖沓。

多年以后，这家麻辣烫店升级为火锅店。除了服务好之外，其菜品的口味也越来越棒。这家火锅店不仅在简阳当地家喻户晓，还走出了四川，闻名全国。

终于，在张勇开第一家店之后的第 24 年，他的公司在港交所上市，其市值超过千亿港币。张勇也完成了从创业草根到商业巨头的逆袭。

2011 年，一本名为《海底捞你学不会》的畅销书风靡全国，以至于不少人都知道海底捞的存在。而该书作者黄铁鹰主笔的另一部作品《海底捞的管理智慧》更是成为《哈佛商业评论》中文版进入中国以来影响最大的案例。没有人能随随便便成功，海底捞也是一样。

究其成功之道，无数评论人士早已做出了大量的解读。不过在笔者看来，最为重要的地方在于海底捞真正将以人为本落到了实处。

在客人排队等位期间，海底捞的服务员会为客人送上零食与饮品，并提供美甲、擦鞋等服务；客人用餐时，服务员会给客人送上专门的手机真空袋，并主动为长发的客人提供橡皮筋。

有人详细地总结了海底捞与众不同的各项服务。也正是凭着这些远超客人预期的优质服务，海底捞得以在竞争激烈的火锅行业中脱颖而出。诚如海底捞在招股书中的自白："我们相信服务是铸就我们品牌的基础，也是使得海底捞如今独树一帜、并如此成功的原因。"

值得一提的是，海底捞在提供人性化服务的同时，还格外重视技术创新，通过开发与应用一系列特色技术来优化智能服务，实现了自动下单、定制化口味、扫描二维码排队，甚至还推出了送餐机器人。而这些均可显著提升客人就餐效率，进而增强客人的满意度与黏性。

不过，优质服务与科技手段终究不是取悦客人的全部内容。作为一家餐饮公司，海底捞最根本的竞争力依然在于食材质量高与菜品口感好。尤其是食品卫生问题的曝光，更是促使海底捞进行了一番大刀阔斧的改变。比如，通过自有供应链的建立与冷链技术的应用，海底捞的菜品质量得到了保证；后厨通过机械化设备的投入改善了卫生条件；等等。

图：海底捞

此外，在菜品的口感方面，海底捞在"麻、辣、鲜、香、嫩、脆"等传统川渝菜特色的基础上，不断改良与创新菜品，效果立竿见影。

纵然海底捞的服务水平已经达到极致，但这仍然不是其获得成功的关键，原因很简单，企业想要持续不断地提供优质服务的根本保障是企业的组织与管理能力。换言之，如果企业的组织管理机制不到位，员工不可能具备良好的精神面貌与高涨的服务热情。

关于这一点，有一个著名的"服务利润链"概念。具体来说，企业的利润是由客人的忠诚度决定的，客人的忠诚度则来自满意度，客人的满意度又取决于企业提供的服务价值，而最终决定服务价值的一定是员工的满意度和忠诚度。一言以蔽之，客人的满意度归根结底由员工的满意度和忠诚度决定，这也直接关乎企业的兴衰。

如果将此逻辑用大白话来表述，就是"企业对员工好→员工有干劲→员工对客人好→客人体验良好→忠诚客人再次消费和推广品牌→企业获利"的良性循环。其中，企业对员工好是排在首位的。

如此看来，企业要做到所谓的"以人为本"，不仅要以客人为本，更要以员工为本。海底捞就做到了。在海底捞，所有的员工不仅有包吃包住的待遇，还真实地感受到了被尊重与信任。

张勇向员工表达信任的方式是授权。有个广为流传的数据，在实践中张勇本人的签字权是 100 万元以上；100 万元以下是由副总、财务总监和大区经理负责；大宗采购部长、工程部长和小区经理有 30 万元的签字权；店长有 3 万元的签字权。这种放心大胆的授权方式，在国内民营企业里颇为罕见。

不仅如此，海底捞还将"先斩后奏"的权力赋予了服务员：不管出于何种原因，只要服务员认为有必要，都可以给客人免一道菜的费用或免费加一道菜，甚至免一餐的费用。这就相当于海底捞的服务员都是经理，因为在其他餐馆，这种权力都是经理级别的员工才拥有的。

思考： 通过阅读上面的材料，结合你自己的亲身体会，谈谈你对海底捞服务文化和管理文化最直观的感受是什么，你认为它脱颖而出的关键是什么。

第2节　中国古代商业的发展

我们的祖先并非唯擅农耕、拙于工商。中华民族不仅创造了人类历史上辉煌的农业文明，而且创造了发达的工商业文明，进行着繁荣的国际贸易，其代表就是以中国为起点、连接亚洲、欧洲和非洲的陆上丝绸之路和海上丝绸之路。在工商业经济长期领先于世界的基础上，中华民族创造了独具特色、自成一脉的商业文化。

一、古代商业的产生和发展

1. 原始商业的产生

原始社会末期，随着生产力的发展，人们有了剩余产品，开始了物物交换，这种物物交换行为的出现也就是原始商业的产生。

2. 职业商人与货币的出现

到了夏代，商部落的第七任首领王亥积极发展农牧业，使商部落强大起来。他在商丘服牛驯马，发展生产，用牛车拉着货物，到外地与其他部落进行交易，开创了中华商业贸易的先河。久而久之，人们就把从事贸易活动的商部落人称为"商人"，把用于交换的物品叫"商品"，把商人从事的职业叫"商业"，而王亥也被称为华商始祖。

3. 商业管理政策的出现

周代，出现了"工商食管"制度，官府对商业进行集中统一管理。"工商食管"是西周的官营手工业制度。当时的手工业者和商贾都是官府管的奴仆，他们必须按照官府的规定和要求从事生产和贸易。在这种制度下，周王室和诸侯都有官府管理的各种手工业作坊，属司空管辖。这些手工业作坊中的各类生产者称为百工，他们既是具有一定技艺水平的工匠，又是从事手工业生产的管理者。所有百工都由国家发工资养活，所有百工创造的价值都由国家支配。

4. 商品市场的出现

春秋战国时期，官府控制商业的局面被打破，各地出现许多商品市场和商人。当发现市场存在这样那样的需求时，商人根据需求，结合当地情况进行资源配置，再通过对这些资源的优化配置获取最大利润。以市场为中心，以市场为准则，完全遵循市场规律办事，私商逐渐成为商人的主体，当时还出现了范蠡、管仲、子贡等大商人。随着商业的繁荣，许多著名的都会逐渐形成，如临淄、侯马、新郑、咸阳等。

5. 统一货币和商业初步发展

秦汉时期，由于国家的统一，秦始皇统一货币、度量衡，修建驰道；汉代"开关梁，弛山泽之禁"，并建立了被后人称为海上丝绸之路和陆上丝绸之路的贸易路线，使商业获得了初步发展。特别是西汉时期富商大贾周流天下，对外贸易发展，许多中心商业城市相继出现，但这一时期的商业总体水平不高。

6. 都市商业和农村集市的发展

农业经济的发展，手工业的进步，特别是隋代开凿的贯通南北的大运河，促进了商品流通范围的扩大。唐代还出现了柜坊和飞钱。柜坊专营货币的存放和借贷，是我国最早的银行雏形。飞钱类似于后世的汇票。柜坊和飞钱是商品经济发展的结果，为商业提供了便利，也促进了商业的发展。

由此，许多商业发达的城市出现了，除黄河流域的长安、洛阳外，长江流域的扬州、益州也成为繁荣的商业城市。唐代长安城有市、坊，市有两个：东市和西市。东市肆邸千余，货物山积，商贾云集。由于唐代政府允许内外商人在境内自由贸易，因此西市有来自西域、波斯、大食等地的商人。市与坊用围墙隔开，白天定时开市、闭市。

图：唐代商人和官员相互交流的场景

与此同时，农村集市也有了进一步发展，尤其是在水陆交通要道附近，集市不断增多，有些还发展成重要的市镇。

7. 纸币出现与商业繁荣

宋元时期，农业、手工业的高度发展为商业的兴盛提供了坚实的物质基础。政府逐渐放松对商品交易的限制及水陆交通的便利进一步促进了对外贸易的发展。城市的繁荣打破了市、坊的界限，商业活动不再受时间的限制。而随着商品种类的迅速增加，许多农副产品和手工业品开始转向市场。北宋时期出现了世界上最早的纸币交子，纸币的出现和应用进一步促进了商业的繁荣。元代的大都是政治文化中心，也是繁华的国际商业大都会，"百物输入之众，有如百川之不息"；而杭州则是南方最大的商业和手工业中心；泉州是对外贸易的重要港口，经常有百艘以上的海船在此停泊，外国旅行家誉之为世界第一大港。

8. 商帮的出现

明清时期，由于小农经济与市场的联系日益密切，农产品商品化得到了加强。城镇经济空前繁荣和发展，许多大城市和农村市场都很繁华。其中，北京和南京是全国性的商贸城市，汇集了四面八方的特产。全国各地还涌现出许多地域性的商业群体——商帮，其中人数最多、实力最强的是徽商和晋商。

二、古代商业模式

在中国古代社会，商业活动是由专业商人进行的，常见的商业模式包括集市、商店、商会及商铺等。

（1）集市：最古老的商业模式之一，是由商人组织的。大多数商人都远道而来参与集市交易，在集市上可以买卖各种物资和服务。集市是古代最活跃的商业模式之一。

（2）商店：指在一个地方经营得比较固定的商业经营场所，是古代流行的一种商业模式，一般由店主和其他店员组成，主要业务是出售现成的商品，其中也包括像服装、工具等物资的出售。

（3）商会：其发展离不开商店的兴起，是由商人组织起来的，主要目的是维护商人的权益，促进商业活动。它在宣传商业道德、促进社会文明和经济发展方面发挥了重要作用。

（4）商铺：是一种比较大型的商业模式，集成了各种商业活动，以经营仓储、销售物资以及提供服务为主。商铺在古代中国发挥了重要作用，不仅为当地消费者提供了众多商品和服务，而且也成为商人开展商业活动的绝佳去处。

三、古代商业思想主要内容

中华传统文化中的商业文化，也具有悠久的历史以及独特性，中华商道是人类商业文化宝库中的一颗明珠。

1. 买卖公平

买卖公平是指买或卖公平合理，买卖双方互不相欺。买卖公平是以透明及互相尊重为前提的。在开展商品交易活动时，公平交易是古代商人树立信誉的法则。古代商人多数能从长远利益出发，坚持价格公道、买卖自由、薄利多销、互利互惠、诚实经营、公平交易。只有买卖双方不存在相互欺瞒的行为，同时地位平等、互相尊重，才能保证交易的顺利完成并促进后续反复交易的实现。而且，一般情况下，买方往往对商品的来源、成本、质量等信息不知情或者知之不多，因此，更需要卖方做到公平和透明。

2. 诚信无欺

诚信无欺是儒家诚信观在商业领域的体现。它强调待人接物诚实守信，不采用欺诈手段。孔子说过："人而无信，不知其可也。"诚信无欺是中华民族的传统美德，是为人处世的基本准则，也是古代商人对社会承担的义务和职责，是商人在职业活动中处理人际关系的道德准则。古代商人的经商方向就是诚信经营、童叟无欺，这样，他们才可以在生意场上取得成功。

3. 信誉第一

在以儒家思想为主流的社会中，不论是一个人还是一个企业，想要长久立足，信誉都是最重要的。信誉第一是指将商业信用和声誉作为商人最重要的行为准则。商人只有在言论和行为上做到真实无欺，才能取得顾客的信任，并获得良好声誉。闻名海内外的晋商就十分重视商业信誉。史书记载，晋商"轻财尚义，业商而无市井之气"。晋商非常重视职业道德教育，并有严格的惩罚措施。任何一个人如果有欺诈行为，都会为同行所耻、乡里所鄙、亲人所指，并失去经商权，无脸再回故乡。因此，在晋商中，弄虚作假者很少。

4. 守义谋利

追逐利益是商人的共性，但是商人要在守住底线的前提下谈利益。《觉世名言》中有记载，北京的萃雅楼以"货真价实"四字为经营原则，做到进货时三不买，即低货不买，假货不买，来历不明之货不买；出货时三不卖，即太便宜不卖，太贵不卖，买主信不过不卖。守义谋利为萃雅楼赢得了良好的声誉，当时京城的人从平民到官吏，都慕名前去购货，这使得萃雅楼的生意日益兴隆。清代商人舒遵刚曾说过："钱，泉也，如流泉然。"他认为："对人言，生财有大道，以义为利，不以利为利，国且如此，况身家乎。"徽州商人李大皓告诫他的继承者以"财自道生，利缘义取"来严于律己，做到"视不义富贵若浮云"。

5．礼貌待客

中国是礼仪之邦，历来重视礼貌待客。儒家思想把"礼"作为调节人际关系的内容。礼貌待客也是我国商业领域的优良传统，是古代商人协调其与顾客关系的一个重要手段。"不可因势凌人，因财压人，因能侮人，因仇害人"是古代商人重要的处世准则。对顾客以诚相待、以礼相待，才能取得顾客的信任。

📖 **商业故事**

富国强兵的管仲

2000 多年前，管仲已经教导我们怎么用经济手段惩罚敌国。

当时的楚国强大而善战，齐桓公想要讨伐它，却力不从心，管仲成竹在胸地笑道："楚国的特产是野鹿，我们不妨出高价收购野鹿，如此一来，楚国必败无疑。"齐桓公将信将疑。管仲立刻在齐楚边境线上新建起一座小城，专门用于大量收购楚国的野鹿。齐人好鹿的消息很快传遍整个楚国，楚国百姓们奔走相告。要知道，当时一头野鹿价值 8 万钱，普通百姓卖掉一头就可以做到好几年衣食无忧了。楚王更是热血沸腾，他兴奋地对尹令说道："楚国盛产野鹿，而齐人高价收购，如此我们可源源不断地获得高额的财政收入。机不可失，时不再来，你赶紧发布告示，通知百姓们尽快抓捕野鹿换取金钱。"

为了造势，管仲派人告诉楚国的官方供应商："倘若一次性提供 20 头活鹿，则额外奖励百金；倘若一次性提供 200 头活鹿，则额外奖励千金。就算楚国一年不向百姓征税，卖鹿赚的钱也足够用了。"顿时，楚国上下无论是百姓还是官员，都纷纷将捕鹿作为当前的核心工作来抓。功夫不负有心人，大家赚得盆满钵满。趁着楚人放松警惕，管仲悄悄地派人在齐楚两国大肆收购粮食。一时间，楚国凭借卖鹿使收入同比增长 5 倍，而管仲凭借买粮让库存同比增长 5 倍。管仲自信地对齐桓公说道："现在可以大胆地进攻楚国了！"

管仲下令严格封锁齐楚边境，尤其截断那些想要高价购买粮食的楚国采购大军。由于楚人忙于捕鹿，误了农时，当年的粮食收成接近于零，楚人本以为有了钱后想买多少粮食就买多少，结果一粒也买不到。楚人不想坐以待毙，纷纷逃至齐国，陆陆续续竟然走了四成。楚国元气大伤，硬扛了 3 年后，不得不向齐国屈服。

当时的衡山国就像传说中的矮人国一样，善于打造兵器，齐桓公想要将它收入囊中。如果强行开战，衡山国凭借先进的武器，一定会让齐国损失惨重。管仲另辟蹊径，高调派人高价收购衡山武器。几个月后，其他诸侯反应过来，觉得齐国可能又想拿哪个国家开刀，心中很慌，纷纷自觉加入采购衡山武器的队伍之中。衡山人看到天下诸侯的军事竞赛进入白热化阶段，笑得合不拢嘴，于是全民打铁，对于其他农副业和轻工业一概不管，毕竟谁也不会跟钱过不去。管仲故伎重演，派人悄悄地将衡山国与周边国家的粮食全部采购过来。等到武器和粮食都买得差不多了，管仲一声令下，关闭边境，停止贸易，随后出兵衡山国。由于衡山人将手中的武器和粮食都卖光了，根本无力开战。转眼间，衡山国就被齐国轻而易举地吞并。本来凭借先进武器牛气冲天的衡山国，就这样快速灭亡了。

齐桓公在"尊王攘夷，九合诸侯"的过程中出尽了风头，但是花费巨大。他想要前去朝拜周天子，却感觉财力不足，为此忧心忡忡。管仲见状安慰道："无妨，城外有一处乱石岗，我们可以募集一批玉匠，将乱石雕刻成璧，将其分为一尺、八寸、七寸，分别定为一万钱、八千钱、七千钱。"齐桓公听罢一脸迷茫，天底下会有谁花钱购买不值钱的石璧？当时周天子跟弟弟因为分家的事闹得不可开交，管仲来到洛阳拜见周天子："齐国国君准备率领诸侯前来洛阳朝拜天子宗庙，为大王助威！"

从理论上讲，就算是诸侯也很少有机会能够瞻仰天子宗庙，但是如今的周天子很需要齐桓公的呐喊助威。既然齐桓公主动率领诸侯前来朝拜，他求之不得，破个例又有何妨？周天子爽快地答应了。

图：管仲

管仲见状继续提议道："请大王下令，凡是朝拜天子宗庙的诸侯，必须带上'石破天惊璧'作为贡品，不然不可进入。"周天子不明就里，但是他相信齐桓公和管仲的为人，因此还是毫不犹豫地同意了。等到齐桓公带着成千上万的"石破天惊璧"来到洛阳，石璧立刻被一抢而空。齐桓公看着堆积如山的钱币目瞪口呆，陷入了沉思。同样目瞪口呆的还有周天子，他感叹管仲真是神人啊。周天子转念一想，立刻派人将管仲请来，愁眉苦脸地向管仲哭穷。管仲看周王室的确穷得有些离谱，仓库里只有楚国迫于齐国的压力进贡的一堆青茅。

管仲沉思片刻后对周天子说道："请大王发布命令，即将前往泰山祭天，这次破例允许各诸侯一同前往，但各诸侯必须购买一捆青茅以做祭祀之用，无青茅者，不得前去。"消息一公布，诸侯们争先恐后地前来求购青茅。这种特殊的茅草是楚国特产，虽不值钱，但楚国路途遥远，短期内无法将青茅送至洛阳，周天子成了唯一的卖家。只要花点钱就能参与祭天，真是天赐良机，于是诸侯们争相购买青茅。

短短 3 天时间，仓库里的青茅就被一抢而空，周天子赚得盆满钵满，笑得合不拢嘴。管仲不但善于治国打仗，还能经商赚钱，实在是千载难逢的人才。

管仲在富国强兵上的举措，尽管有传说的成分，但几千年来一直被推崇和效仿。尽管时代不断变迁，他的很多谋略依然行之有效，堪称中华民族的瑰宝。

思考： 管仲在国家对外经济战中采取了哪些措施？对今天一些人鼓吹"造不如买"的观点，你是如何看待的？

第3节　中华传统文化与商业文化

商业文化是中华优秀传统文化江河水系的一条支流，是中华优秀传统文化良田沃土孕育出的瑰宝。中华优秀传统文化倡导讲仁爱、重民本、守诚信、崇正义、尚和合、求大同等，塑造着商人的价值取向、事业追求、职业态度、行为规范、得失标准。商业文化以商人为传承主体，以行规业俗为载体，以金谷细务为对象，以国计民生为旨归，特别强调足履实地，格外注重行动实效，是知行合一的实践舞台，经世致用之笃行原野。

一、中华传统文化的内容

1. 道德观念

中华传统文化的核心之一是道德观念。儒家思想中的"仁、义、礼、智、信"被视为"五常"，强调人与人之间的互助互爱，维护社会秩序与和谐。同时，中华传统文化倡导"百善孝为先"，强调家庭和睦与尊老爱幼的美德。这些道德观念在塑造中华民族精神风貌方面发挥了重要作用。

微课：儒家五常

图：儒家思想中的"五常"

2. 艺术表现

中国传统艺术形式多样，包括绘画、书法、音乐、舞蹈等。这些艺术形式富含传统文化元素，展现了中华民族独特的审美观和精神世界。传统绘画强调意境和气韵生动；书法则注重笔墨韵味与个人风格；传统音乐和舞蹈则以其优美的旋律和独特的节奏引人入胜。中国传统艺术在世界上享有崇高的声誉，是中华传统文化的重要组成部分。

3. 哲学思想

中国传统哲学思想以儒、释、道为主要代表。儒家思想强调仁爱与礼制，主张中庸之道；佛教则倡导以慈悲为怀，讲究因果报应，主张追求悟性；道家则以自然无为为核心思想，主张天人合一。这些哲学思想在历史上对中国社会和文化的发展产生了深远的影响，也深刻影响了中华民族的性格和思维方式。

4. 传统习俗

中国传统习俗丰富多彩，各地有着独特的传统习俗。春节、清明节、端午节和中秋节是中国最重要的传统节日，每个节日都有相应的民俗活动和特色食品。此外，中国还有众多的民间习俗，这些习俗涉及婚丧嫁娶、节令活动、民间艺术等，反映了中华民族的生活方式和文化传统。

5. 语言文字

汉字是中华传统文化的载体，承载了中华民族五千年的文明史。汉语具有独特的语法和表达方式，反映了中华民族独特的思维方式和文化特征。保护和传承汉字文化对于弘扬中华优秀传统文化具有重要意义。

6. 古代科技

中国古代科技在许多领域取得了举世瞩目的成就。四大发明（造纸术、印刷术、指南针和火药）是中国古代科技智慧的瑰宝，对世界文明的发展产生了深远的影响。此外，在数学、天文学、农学、医学等领域，中国古代科技也取得了重要的成果。这些科技成果不仅推动了中华文明的进步，也对全人类的科技发展做出了重要的贡献。

7. 文化产业

文化产业是中华传统文化的重要传播途径之一。中国有着丰富多彩的非物质文化遗产，如剪纸、泥塑、刺绣等传统工艺品，以及地方戏曲、音乐、舞蹈等表演艺术形式。这些文化产业以独特的方式展现了中华文化的魅力，为弘扬中华优秀传统文化和推动文化交流发挥了积极作用。同时，文化产业的发展也为中华优秀传统文化的传承和创新提供了重要的动力。

二、百家思想对商业文化的影响

中国的商业伦理主要来源于对中华传统文化有着深远影响的中国古代的一系列思想流派。其中，最著名的包括儒家、道家、法家、兵家、墨家等。

1. 儒家思想与中国商业文化

"仁、义、礼、智、信"是儒家思想的主要内容，是约束人们的行为准则，对中国古代乃至今天的商业伦理都产生了深远的影响。

（1）仁

仁是儒家思想的核心。仁即爱人，肯定人的尊严和生命价值。这种爱人又是推己及人的，由"亲亲"而扩大到"泛爱众"。以老字号为代表的商业文化，处处体现了这种"爱人"文化，如北京的"全聚德""同仁堂"等。

（2）义

义原指"宜"，即行为合于礼。孔子将义作为评判人们的思想、行为的道德原则。中国古代把那些行为合宜的商人称为"义商"。

（3）礼

礼是儒家思想的重要内容。在长期的历史发展中，礼作为中国封建社会的道德规范和生活准则，对中华民族精神素质的培养起了重要作用。商业文明中倡导的礼貌待客就是礼的行为规范在商业领域的体现。

（4）智

智同"知"，是儒家的认识论和伦理学的基本范畴。智是指知道、了解、见解、知识、聪明、智慧等，其内涵主要涉及知的性质、知的来源、知的内容、知的效果等方面。关于知的性质，孔子认为，知是一个道德范畴，是人的一种行为规范。

（5）信

信是指为人处世时诚实不欺、言行一致的态度。孔子将信作为仁的重要体现，认为信是贤者必备的品德，人在言论和行为上做到真实无妄，便能取得他人的信任。当权者讲信用，百姓也会以真情相待而不欺上。诚实守信、童叟无欺正是商业伦理的重要体现。

2. 道家思想与中国商业文化

（1）以柔克刚

以柔克刚是道家的一种生存哲学，强调在微弱中求生存。传说孔子见老子时问老子什么叫"礼"，老子没有回答，却张开了口，让孔子看他口中的"道"。他口中有什么道？他的牙齿都已脱落，可舌头却还存在，没有受到任何损伤。这就是老子的道——将是否生存、是否具有更为强大的适应能力和生存能力，作为衡量胜负的标准。在商业领域，企业在市场中的生存能力和适应能力是企业发展的基础。

（2）以弱胜强

以弱胜强是企业在处于不利境地时的自保策略。"田忌赛马"的故事揭示了如何用自己的长处去对付对手的短处，从而在竞技中获胜。从客观上讲，中小企业在大多数方面都无法与大企业抗衡，因此表现得相对强势对这些企业来说至关重要。因为强与弱并不是绝对的，在企业的竞争中，有效的竞争策略加上资源的合理配置和使用，往往起到决定性的作用，保持核心竞争力是企业取胜的关键。

（3）祸福相倚

祸福相倚给人以安身立命的警示。道家认为世上一切事物都是相互对立又互相统一的。财富是把双刃剑，财富越多，个人的人身安全就越容易受到威胁。作为老子的再传弟子，范蠡能够领悟"散财"哲学，而当今一些企业家也深谙此道，把发展慈善事业作为企业文化之一。

（4）有容乃大

"有容乃大"源自《尚书·君陈》中的"有容，德乃大"，是指胸怀宽广，这是一个人有修养的表现。道家认为水的特性就是道的特性，处于"天下之交"，你只有居于社会的最低位置，天下的财富才会源源不断地聚集到你这里。在商业文化中，商人将自己置于下位，所谓"未曾开口三分笑""和气生财"正是这种思想的写照。

图：上善若水

老子与《道德经》

老子，原名李耳，字伯阳，是春秋时期著名的哲学家和思想家，同时也是道家学派的创始人。老子周游列国，留下了不少的故事传说。他曾经还与孔子交流论道，算得上是孔子的半个师傅。他曾经在周王朝担任守藏室史，后来周王朝内部发生动乱，势力衰弱，老子受此影响辞去旧职，准备西行云游。他西出函谷关，遇到守关官员尹喜，受他请求，著《老子》一书，后世称之为《道德经》。

尹喜小时候就爱好天文，自己在这方面也有一点天赋，学有所得。有一天晚上，他站在楼上观察星空，忽然看见东方有紫色祥云汇集，其长三万里，形如飞龙，并逐渐往西而来。

尹喜自语道："紫气东来三万里，圣人西行经此地。青牛缓缓载老翁，藏形匿迹混元气。"他连忙吩咐手下，清扫道路四十里，夹道焚香，以迎圣人。过了不久，老子果然倒骑青牛而来。

尹喜看见老子之后，叹道："我生有幸，得见圣人！"他连忙三步并作两步地前去迎接老子。两人相谈甚欢，尹喜随后便拜托老子基于其思想学说著书立传，传于后世。

图：老子

于是老子以王朝兴衰成败、百姓安危祸福为鉴，溯其源，著一书，其分为上、下两篇，共五千余言。

这本书一开始叫《老子》，后来改名为《道德经》。之所以如此，是因为该书上篇起首为"道可道，非常道；名可名，非常名"，下篇起首为"上德不德，是以有德；下德不失德，是以无德"。上、下两篇合一，称为《道德经》。

司马迁的《史记》载："老子修道德，其学以自隐无名为务。居周久之，见周之衰，乃遂去。至关，关令尹喜曰：'子将隐矣，疆为我著书。'于是老子乃著书上下篇，言道德之意五千余言而去，莫知其所终。"

思考： 老子的《道德经》作为一部反映哲学思想的作品，对商业活动的启发有哪些？请你简单说说自己的看法。

3．法家思想与中国商业文化

（1）用法管理百姓、社会、国家

法家提倡用法管理百姓、社会、国家，认为"定分止争"是任何时代法律的基本作用。《慎子》中有个例子就说明了定分止争："一兔走街，百人追之，贪人具存，人莫之非者，以兔为未定分也。积兔满市，过而不顾，非不欲兔也，分定之后，虽鄙不争。"因此，要维护社会和国家的秩序，就必须依靠法律，商业领域也不例外。

（2）无中生有

法家提倡"无中生有"。商人必须从各个地域的差别中，从各个季节的变化中，从社会环境的改变和人们生活方式的一些细小变化的征兆上去寻找商机。

4．兵家思想与中国商业文化

兵家思想总体来说是一种竞和的思想，认为在有限的资源领域展开较量时，双方可以是敌人，但在更大程度上是朋友，是合作伙伴。双方联合，实现优势互补，才能赢得更多胜利。在商业领域，与其进行水火不相容、互相消耗的竞争，不如进行有利于共同发展与做大市场的共赢竞和。竞和思想的具体表现如下。

（1）以和为贵

以和为贵为中国商人开拓了更为广阔的生存和发展空间。在起步阶段，为了求得生存，商人不得不与对手展开竞争，计较得失；当到了一定境界，积累了一定财富之后，商人更应重视人生价值的实现，为社会创造福利。

（2）和气生财

在经营中，商人只有讲和气，才能与别人进行更有效的沟通，即使处于劣势，也能赢得合作伙伴与顾客，从而获得最后的胜利。当然，讲和气并不是怯弱、忍让、卑贱，不只是为了让顾客将口袋里的钱掏出来而故意放低姿态，而是为了创造一个更加有利于生财的环境，营造更好的交易氛围。

（3）和而不同

中国商人具有很强的包容性，能够与各个国家、地区的商人和谐共存，一起发展。"和"对中国商人的要求具体表现为：一是保持自己独立的人格，二是允许别人保持其独立性和完整性，三是善于协调关系。只有这样，才能使中国商人在参与国际性竞争时，不至于迷失方向。

（4）讲求谋略

兵家讲求筹划谋略，所谓"运筹帷幄之中，决胜千里之外"。商场如战场，市场调研、知己知彼、实施有效的营销策略等，都是取得商战胜利的必要保证。

5．墨家思想与中国商业文化

（1）兼而爱之

墨家主张的是完全的博爱，这与儒家所倡导的"亲亲"不同，主张将对待亲人的方式扩展到陌生人身上，认为真正联结人类社会的不是血缘，而是爱，并且主张上下一心为人民服务，为社会兴利除弊。兼爱思想为中国商人提供了一条通向合作共赢的道路。

（2）俭以理财

墨家提倡节用、节葬，认为应通过节约来扩大生产规模，反对奢侈享乐的生活，也反对儒家提倡的厚葬，认为不应把社会财富浪费在死去的人身上。在现代社会，一个企业、一个品牌的创立者往往是俭朴的，因为奢侈、浪费是其大敌。

三、中华传统文化对商业文化的影响

中华传统文化与现代商业融合以后，为中国商业带来了更多的文化元素。在商业活动中，各种文化元素深深地融合在一起，形成了一种新的商业文化。这种商业文化具有显著的民族文化特色，重视社会责任感，使得商人在商业活动中不仅注重经济效益，同时更加注重商业的社会价值。这种新型商业文化的出现，使得商人既可以追求自身的经济效益，同时又可以为社会做出更多的贡献，它具有重要的现实意义和历史意义。

中华传统文化对商业文化的影响主要体现在以下几个方面。

（1）强调诚信和义利并重。在中华传统文化中，诚信是最重要的商业道德之一。儒家思想中的"诚"和"信"概念，强调了在商业活动中要遵守诚信原则，做到言行一致。同时，中华传统文化也注重义利并重，主张在商业活动中既要追求利益，也要符合道义和道德。这种观念在商业文化中得到了广泛的体现，成为商人的重要准则。

（2）推崇合作共赢和注重人际关系。中华传统文化在人际关系方面强调相互信任、互惠互利、共同发展的合作共赢理念。这种理念鼓励商人在商业活动中建立良好的人际关系，通过与他人合作实现共同发展。在现代商业文化中，这种合作共赢理念已经成为重要的商业价值观之一。

图：中国结

（3）重视商业道德和社会责任。中华传统文化认为商业活动不仅是谋生的手段，也是实现个人价值和社会价值的重要途径。同时，中华传统文化强调商业道德和社会责任，主张企业在追求经济效益的同时，也要关注社会效益和环境效益。这种观念对现代商业文化产生了深远的影响，成为企业可持续发展的重要指导思想。

（4）强调品牌建设和创新发展。在中华传统文化中，强调品牌建设和创新发展也是重要的商业理念。中华传统文化中的"有口皆碑"和"品牌意识"等观念，鼓励企业在商业活动中注重品牌建设和形象塑造。同时，中华传统文化也强调创新发展，主张企业在竞争中不断创新和提高自身的竞争力。

（5）强调培养传统企业家精神。中华民族具有深厚的文化底蕴，中华传统文化对于传统企业家精神的培养具有深远的影响。传统企业家精神强调身体力行、关心他人、忠诚谦虚、锐意进取等，非常符合中华传统文化的价值观。通过对传统企业家精神的培养，现代中国企业不仅可以树立正确的价值观，同时也可以在市场竞争中取得更大的优势。

综上所述，中华传统文化与现代商业的融合给中国商业带来了诸多改变。毫无疑问，在现代商业的发展中，中华传统文化也发挥着重要作用。这种融合的过程持久且稳健，让中华传统文化与现代商业更好地融合。这也让我们思考，在现代商业活动中，如何更好地挖掘和利用中华传统文化元素，以更加符合中国国情和民心的方式为中国商业活动注入新的活力，为推动中国的现代化建设和实现中华民族的伟大复兴而努力。

延伸阅读

北京四合院

四合院是我国古老、传统的文化象征，西周时就已初具雏形，距今已有 3000 多年历史。"四"代表东、西、南、北四面，"合"指利用四面的房屋将庭院围在中间，形成一个"口"字形，这就是四合院的基本特征。四合院是以正房、倒座房、东西厢房围绕中间庭院形成平面布局的北方传统住宅的统称，在中国民居中历史最悠久，分布最广泛，是汉族民居形式的典型。

微课：北京四合院

在四合院中，论建筑之雅致，结构之精巧，数量之众多，当以北京四合院为最。北京四合院或处于繁华街道上，或处于幽静深巷中，或独家独户，或数户合居，形成了一个符合人性心理、保持传统文化、邻里关系融洽的居住环境。它形成了以家庭院落为中心，街坊邻里为干线，社区地域为平面的社会网络系统。

北京四合院不论是在形式上，还是在结构上，都别具一格。

首先是大门，它象征着旧社会中主人的地位。王府大门是最高形式，其次有广亮大门、如意门等。广亮大门只有品官的宅第方可使用。

进大门后为外院，外院南面有一排朝北的房屋，叫作倒座，通常供宾客、男仆人居住，或作杂间。自此向前，经过二道门（或为屏门，或为垂花门）进到正院。二道门是四合院中装饰得最华丽的一道门，也是由外院进入正院的地方。

在正院，小巧的垂花门和它前面配置的荷花缸、盆花等，构成了一幅有趣的庭院图。正院中，北房南向为正房，一般开间、进深都较大，台基较高，多供长辈居住；东西厢房开间、进深较小，台基也较矮，常供晚辈居住。正房、厢房和垂花门用廊连接起来，围绕成一个规整的院落，构成整个四合院的核心空间。

过了正房向后，就是后院。其中有一排坐北朝南的较为矮小的房屋，叫作后罩房，多供女佣人居住，或为库房、杂间。

四合院里的绿化也很讲究，各层院落都配置有花草树木、荷花缸、金鱼池和盆景等。

四合院满足了人们居住的需要，满足了人们对友谊、同情、理解、信任的需要。数代人的实践表明，住在四合院，人与人之间能产生一种凝聚力，营造出和谐的氛围，同时获得稳定感和归属感。

图：北京四合院

四合院是中华民族的智慧结晶，是中国传统建筑的瑰宝，其蕴含的思想非常丰富。以下是四合院所蕴含的重要思想。

（1）天人合一。四合院强调人与自然的和谐共生，建筑的布局和设计充分考虑了自然环境和人文环境，主张通过人与自然的融合达到"天人合一"的境界。

（2）以家族为中心。四合院以家族为中心，强调家庭伦理和家族秩序，体现了中华民族注重家庭观念和亲情伦理的传统美德。

（3）尊卑有序。四合院在布局和设计上遵循尊卑有序的原则，不同等级、身份的家庭成员居住在不同的房间和区域，这体现了中国封建社会的等级制度和家族伦理。

（4）中庸之道。四合院风格简约、朴素、自然，不追求奢华和浮夸，体现了中庸之道的思想。这种思想主张追求适度、平衡和和谐，注重内在的精神修养和外在的行为规范。

总之，四合院所蕴含的思想是多方面的，它不仅是一种建筑形式，更是中华民族的文化载体和精神象征。

思考： 北京四合院的布局体现了经济、社会乃至哲学思想方面的哪些考量？

第二章
中华商业文化的演变与觉醒

2

马克思、恩格斯在《共产党宣言》中说，由于开拓了世界市场，一切国家的生产和消费都成为世界性的。自给自足和闭关自守被互通有无和对外开放代替，物质领域如此，精神领域也是如此，各民族的精神产品成为公共财产。自鸦片战争开始，中国进入了一个激荡的时代，唯有直面挑战，不断变革，才能迎来新生。

学习目标

知识目标	了解传统农耕经济的兴衰对商业的影响，了解海商历史及近代民族资本主义的发展，比较分析中西方商业价值观的异同，理解中华商业文化的发展与融合趋势。
能力目标	能够运用商业文化的基本理论分析和解决商业实践中的问题，具备一定的商业文化素养和商业创新能力。
素养目标	激发学生对商业的兴趣，培养学生从商业视角解析问题的能力，以帮助学生在未来的职业生涯中取得成功。

案例导入

上海外滩

外滩位于上海市黄浦区的黄浦江畔，即外黄浦滩，为中国历史文化街区。1844年，外滩这一带被划为英国租界，成为上海十里洋场的真实写照，也是旧上海租界区以及整个上海近代城市发展的起点。

外滩全长1.5千米，南起延安东路，北至苏州河上的外白渡桥，东面即黄浦江，西面是旧上海金融、外贸机构的集中地。上海被辟为商埠以后，外国的银行、商行、总会、报社开始在此云集，外滩成为全国乃至远东的金融中心。1943年8月，外滩结束长达百年的作为租界的历史，并于 1945 年拥有正式路名"中山东一路"。

外滩面对开阔的黄浦江，背倚造型严谨、风格迥异的建筑群。外滩矗立着 52 幢风格迥异的大楼，素有外滩万国建筑博览群之称，是中国近现代重要史迹及代表性建筑，上海的地标之一。由于独特的地理位置及近百年来在经济领域对上海乃至中国的影响，外滩具有十分丰富的文化内涵，1995 年被评选为"90 年代上海十大新景观"之一。

2018 年 3 月，外滩在全面推进"第一立面"（即临江建筑群）功能置换的基础上，同步启动了"第二立面"（即非临江的外滩建筑群）功能置换工作。

思考： 谈谈上海经济腾飞的客观因素有哪些。

图：上海外滩

第1节　传统经济体系的演变

一、农耕经济对文化的影响

我国是世界四大文明古国之一，有着发达的农业、先进的手工业和繁华的商业。随着生产力的发展和生产技术的日益完善，再加上水利工程的兴建，我国精耕细作的农业体系日益成熟。我国农耕经济对文化的影响主要体现在以下 3 个方面。

第一，农耕经济的地域限制使中国文化呈现出多元性的特点。自然条件的约束使农作物的种植明显呈现地域的差异。南北方气候、土壤和水资源的不同让南北方的农业有了地域限制。例如，南方种植水稻、北方种植小麦，南方种植菠萝、北方种植苹果等。而地域的限制也使中华文化的发展呈现多元化的方向，南方产生了岭南文化，北方产生了风格不一的民族文化。随着时代的变迁和人口的迁移，中华文化的兼容性包容了南北方风格不一的文化。

第二，农耕经济的兴衰与中华文化发展呈现出一致性的特点。我国古代土地制度经历了多次变革，土地制度的发展变化与农耕经济的发展密切相关，这也同时促进了中华文化的发展。

第三，农耕经济的高度集中使中华文化表现出保守性。随着古代商品经济的发展，商业中心经常伴随政治中心的变动而转移。封建王朝的决策者出于稳固统治的需要，往往会重农抑商，使商业从开放趋向于保守，也促使中华文化表现出保守性。

延伸阅读

江南水乡

"江南好，风景旧曾谙；日出江花红胜火，春来江水绿如蓝。能不忆江南？"这首词总是把人们的思绪牵到风景如画的江南。江南，自古就享有人间天堂之美誉。这里水网纵横，随处可见小桥流水、古镇小城、田园村舍，风景如诗如画。

图：江南水乡

江南水乡地处长江三角洲和太湖水网地区，气候温和，季节分明，雨量充沛，因此形成了以水运为主的交通体系。当地居民的生产生活依赖着水，这种自然环境和功能需要，塑造了极富韵味的江南水乡民居。

思考：南方温暖湿润的气候对农业、手工业和商业的发展有哪些影响？

二、海商与全球化的开端

自宋元以来，官方对于海外贸易的管理制度已呈现出越来越严密的特点。元代出现"官本船"制度，"于泉、杭二州立市舶都转运司，造船给本，令人商贩，官有其利七，商有其三"（《元史·卢世荣传》），这显示出官方直接参与海外贸易的趋向。

至明代，国家直接垄断海上贸易，实行朝贡贸易与海禁相结合的政策，通过大规模的航海行动——郑和七下西洋，将海上丝绸之路发展到鼎盛阶段，以强盛国力为后盾，维护了南海至印度洋的海上秩序；同时严禁私人从事海上贸易。明代把朝贡和贸易或者说外交和通商完全合而为一，这也是其海外贸易政策的鲜明特征。朝贡贸易与海禁政策的制定，使民间海商完全退居到从属官方的地位。

16世纪，全球化从海上拉开了帷幕。全球化将人们带入一个整体发展的海上新时代。从明初禁用金银交易，到白银从非法货币转变为合法货币，再到流通成为主币，处于全球化开端前后的明代海上贸易，史无前例地经历了从区域化到全球化的过程，这一过程伴随着中外私人海上贸易萌芽、成长、成熟和最终合法化，官方海上朝贡贸易向民间私人海上贸易的转变过程，这也是中国海商成为海上贸易主体、维护海上秩序主体的转换过程。

以白银需求为引擎，晚明的中国处于近代转型之中。在海上贸易合法化以后，海商经营的海上贸易迅速发展，间接促进了美洲银矿的大开发，海商集团也随之发展壮大起来。内外动因结合，郑氏海商集团应运而生。随着海上贸易的发展和应对西方扩张的需要，维护海上安全的需求变得越来越迫切。嘉靖倭寇危机暴露了明代官方应对海上危机时的乏力，意味着朝贡贸易走向尾声。最终，明代官方在调兵遣将平息倭寇以后，对明代海洋政策做出了重大调整，完成了从以政治为重心到以经济为重心的转变。

从中国本土角度来看，明代白银货币化，中国社会经济结构变迁，国家与社会转型，中国内部孕育了变革潜流，主动走向海外世界，海商集团应运而生；从全球史的视野来看，全球化始自海上，不能只是强调西方的海上作为，而忽视了17世纪是中国海上贸易发展的黄金时期，当时西方在相当程度上受制于中国海商集团。在全球化开始的时候，中国海商适应全球海上发展大势，是海洋上的佼佼者，成为维护海上秩序的主体，更在海上贸易中扮演了重要角色，为当时全球第一个经济体系的建构做出了历史性贡献。

三、民族资本主义的兴起

鸦片战争后，西方经济冲击了中国的民族手工业，使中国自然经济逐步解体。十九世纪六七十年代，由于受洋务运动的影响和外商企业丰厚利润的刺激，东南沿海地区的一些官僚、地主、商人开始投资近代企业，中国民族资本主义诞生了。

甲午战争后，列强的对华经济侵略形式从以商品输出为主转变为以资本输出为主，中国的自然经济加速解体，这在客观上为民族资本主义的发展创造了条件；一些爱国的民族企业和工商界人士痛感战败之辱，发出"实业救国"的呼声，提出自办工厂，以抵制洋商洋货，促进民族资本主义的发展。而且中国在甲午战争中战败，标志着洋务运动的破产，洋务派已无法垄断近代工业，清政府也无力投资兴办新式企业。为扩大财源，支付巨额赔款，解决财政危机，清政府不得不放宽对民间办厂的限制，这有利于民族资本主义的发展。于是，中国出现了兴办工业的热潮，民族资本总额大幅度增加，相关企业数量增加、规模扩大。

辛亥革命之后，中国民族资本主义有了较快的发展，1912—1919年迎来了"短暂的春天"。

1927年到抗日战争爆发前，国民政府基本实现国家统一，大规模战争结束，国内局势相对安定；国民政府推行了一些有利于经济发展的措施和政策，其中以国民经济建设运动和法币政策最为典型。民族工业得到较快发展。

抗日战争时期，由于四大家族加强对工业的垄断、日本帝国主义采取"以战养战"的掠夺政策，加上战争的破坏，民族资本主义遭到沉重打击。由于战争的影响和列强的经济侵略，官僚资本的压迫、国民政府导致的恶性通货膨胀及繁重的捐税负担，民族工业纷纷破产。

图：老上海照片

近代前期，中国民族资本主义虽然有较大发展，但它在整体经济中所占的比重仍然很小，它表现出半殖民地、半封建社会的特点，具体表现为以下 3 个方面。

（1）中国民族资本主义虽然较此前有了较快的发展，但仍然没有摆脱帝国主义的控制，不断遭到外国资本的倾轧、排斥和摧残，尤其是在技术设备等方面对外国资本有较强的依赖性。

（2）中国自然经济长期占主导地位，不利于民族资本主义的发展。而且有些民族资本家还利用经营工商业所得的利润去购买土地，这限制了工商业规模的扩大。

（3）民族工业以纺织、食品等轻工业为主，几乎没有重工业，难以形成独立完整的工业体系和国民经济体系。

商业故事

红顶商人胡雪岩

胡雪岩可以说是影响了中国一代企业家的人，他在鼎盛时期可谓富可敌国，生意遍天下。他是声名显赫的红顶商人，是一代商界传奇人物。胡雪岩之所以如此备受推崇，不是因为他有大量财富，而是因为他的经商头脑对现代的生意人很有启发。但他在晚年却非常悲惨，成为官场斗争的牺牲品。

微课：胡雪岩

图：胡雪岩画像

胡雪岩，本名胡光墉，幼名顺官，字雪岩，出生于安徽徽州绩溪，13 岁起便移居浙江杭州。他是中国近代著名的红顶商人，政治家，徽商代表人物。

胡雪岩从小家境贫困，但志向高远。一次偶然的机会，他在路上捡到一包银子并归还给了失主，这位失主是一位大客商。因此，他被这位大客商带到杭州学习做生意。他能力出众，很快便从一个小伙计成长为一家钱庄的老板，后来渐渐成为徽商中的巨头。

后来，他得到了左宗棠的赏识，又帮助左宗棠组织"常捷军"和创办福州船政局。左宗棠西征平叛阿古柏时，胡雪岩为他主持上海采运局局务，在上海代借外款 5 次——金额高达 1195 万两，采供军饷、订购军火，并做情报工作。由于他表现出色，被赏穿黄马褂。

胡雪岩凭借其卓越的商业才能，在全国各地设立了"阜康"钱庄分号，被称为"活财神"。此外，他在杭州创立了"胡庆余堂"中药店，制"避瘟丹""行军散""八宝丹"供军民之需，该中药店传承至今，赢得"江南药王"之美誉。

然而，在清光绪九年（1883 年），由于各地官僚竞相提款、敲诈勒索以及外商排挤，胡雪岩的产业资金周转失灵。最终，他被革职查抄家产，郁郁而终。

思考： 对于胡雪岩的最终衰败，你认为最重要的原因是什么？商人应该在社会经济活动中扮演什么样的角色？

第2节 中西方商业文化的比较

一、中西方商业思想的发展脉络

中西方商业思想的发展脉络是一个复杂且多维度的主题，涉及众多历史时期和思想流派。以下仅从时间维度简单概括中西方商业思想的发展脉络。

1. 中国商业思想

（1）春秋战国时期（公元前 770 年至公元前 221 年）：中国商业思想以《论语》《道德经》等为代表，强调商业道德和社会责任，提倡诚信、仁义等价值观念。

（2）宋元明清时期（960 年至 1840 年）：中国商业思想逐渐发展，以商人群体为主的商业文化出现，强调商业道德和商业伦理，提倡"和气生财""义中取利"等观念。

（3）近代以来（1840 年至 1949 年）：受西方商业思想的影响，中国商业思想开始与西方商业思想融合，逐渐形成具有中国特色的现代商业思想。

（4）现代以来（1949 年至今）：在继承传统商业道德和社会责任的基础上，伴随快速发展的市场经济环境，现代中国商业思想强调创新、开放与可持续发展，倡导诚信经营、公平竞争和社会责任。企业家们不仅追求经济效益，更注重企业社会价值的实现，致力于构建和谐社会。同时，随着数字化时代的到来，中国商业思想也融入了互联网思维，强调数据驱动、用户至上，推动商业模式不断创新，以适应全球化竞争的新格局。

2．西方商业思想

（1）古希腊时期（公元前 8 世纪至公元前 1 世纪）：西方商业思想以亚里士多德的观点为代表，强调商业的理性和秩序，提倡商业道德和诚信原则。

（2）罗马帝国时期（公元前 1 世纪至公元 5 世纪）：罗马人认为农业是国家的根基，同时鼓励商业发展，强调商业活动应服务于国家利益。此外，他们也认识到分工合作对提高生产效率的重要性。

（3）中世纪时期（5 世纪至 15 世纪）：西方商业思想强调商业的道德和精神层面，提倡商业伦理和公益责任。

（4）近代以来（16 世纪初至 19 世纪末）：随着资本主义的兴起和发展，西方商业思想逐渐与资本主义精神相结合，强调个人主义、自由竞争和财富积累等价值观念。

（5）现代以来（20 世纪初至今）：西方商业思想逐渐多元化和复杂化，涉及经济学、管理学、社会学等多个领域，强调创新、竞争、合作等价值观念。

二、中西方商业价值观的比较

中华商业文化可以追溯到春秋战国时期，这一时期的商业活动已经具有相当的规模和活跃度。西方商业文化起源于古希腊和古罗马时期，以地中海沿岸的商业为例。这一时期的商业活动已经具有明显的竞争和利润导向。我们在探讨商业世界的广阔图景时，可以发现中西方商业价值观是两种截然不同的价值导向与核心理念，各自绽放着独特的光芒。中西方商业价值观的差异主要表现在以下 5 个方面。

1．价值目标方面

中国商业价值观受儒家思想影响，强调集体价值，承认等级秩序，注重个体对群体的责任、奉献和义务。而西方商业价值观的核心是个人主义、功利主义和实用主义，其强调个人价值和个人权利，主张实现集体价值不能以牺牲个人利益为代价。

2．竞争手段方面

中国商业价值观强调人际关系的和谐，尽量避免冲突和矛盾。而西方商业价值观则崇尚竞争，信奉"适者生存"的理念，认为人与人之间充满了争斗，需要契约和制度来约束和规范人们的行为。

3．社会责任方面

中国商业价值观强调企业应承担社会责任，认为企业是社会的一部分，应该为社会做出贡献。而西方商业价值观则更注重企业的经济利益，认为企业的首要任务是实现利润最大化。

4．决策方式方面

中国商业价值观强调集体决策，认为集体的智慧和力量能够帮助企业更好地应对各种挑战。而西方商业价值观则更注重个人决策，认为个人的能力和判断力能够帮助企业走向成功。

5. 风险管理方面

中国商业价值观强调预防为主，注重对风险的预测和应对。而西方商业价值观则更注重风险分散和转移，通过保险等方式来降低风险。

这些差异反映了中西方不同的文化背景和历史传统，也影响了双方商业运作的方式和效率。了解和尊重这些差异有助于更好地理解中西方商业文化，促进跨文化交流与合作。

📖 **商业故事**

张裕葡萄酒

张弼士生于 1841 年，广东大埔县人，18 岁只身远赴南洋谋生。他从雅加达一家米店的勤杂工干起，经过艰苦打拼，先后在苏门答腊岛、爪哇岛创办垦殖公司，在槟城、雅加达、亚齐开办远洋轮船公司，在新加坡、雅加达等地开设药行。

微课：张裕葡萄酒

张弼士与葡萄酒的不解之缘始于 1871 年。当时他在雅加达应邀出席法国领事馆的一个酒会，一位法国领事讲到，咸丰年间他曾随英法军队到过烟台，发现那里漫山遍野长着野生葡萄。驻营期间，士兵们采摘葡萄后用随身携带的小型制酒机榨汁、酿制，造出的葡萄酒口味相当不错。说者无意，听者有心，张弼士暗暗记下了有关烟台的这段故事。

1891 年，张弼士实地考察了烟台的葡萄种植和土壤水文状况，认定烟台确为葡萄生长的天然良园，于是向政府要员提出要在烟台办葡萄酒厂。

1892 年，张弼士拿出 300 万两白银，创办了中国历史上第一家葡萄酿酒公司，公司名称取"张裕"二字。从此，中国葡萄酒工业化生产的序幕被揭开了。

真正让中国葡萄酒蜚声国际的是 1915 年巴拿马万国博览会。在这次博览会上，张裕葡萄酒一举夺得 4 枚金质奖章，这是中国葡萄酒首次在国际大展上获得大奖。在出席庆祝宴会时，张弼士激动地发表演说："只要发奋图强，后来居上，祖国的产品都要成为世界名牌！"

图：山东烟台张裕酒文化博物馆

思考： 张裕葡萄酒的发展对中国民族资本主义发展的影响和贡献有哪些？

三、挑战与碰撞带来的影响

鸦片战争前，中国对外出口的主要商品是茶叶和丝绸，进口的主要商品是毛纺织品、金属制品、香料等。鸦片战争后，中国出口的商品种类增多，但茶叶和丝绸的优势减弱，而棉花、豆饼等农产品的出口量增加；进口方面，由于列强对华的经济侵略，消费资料和工业原料的进口量大幅上升，如原棉、棉纱、煤油、烟草等。这些进口商品严重冲击了中国的民族工业和小农经济。

1. 贸易格局的变化

鸦片战争前，广州是中国唯一的对外通商口岸，处于全国性贸易中心的地位。鸦片战争后，清政府被迫开放多个通商口岸，广州港的垄断地位受到冲击。上海港由于其优越的地理位置和庞大的经济腹地，迅速取代广州港成为全国最大的贸易港口。东北地区由于被列强划分为势力范围，也开始发展对外贸易。进而，中国的商品市场大门被打开，逐步沦为西方的商品原料产地和商品倾销地。

2. 原有经济模式被破坏

中国被迫开放多个通商口岸，外国商品大量涌入中国市场，严重冲击了中国的民族工业和农业。许多手工业者和农民失去了生计，被迫成为廉价的雇佣劳动者或卖身为奴，中国自给自足的小农经济遭到冲击。

3. 认知方面的变化

一部分有远见的人开始向西方学习先进的科技和思想，倡导洋务运动和维新变法。中国民族资本主义萌芽，为中国近代工业化奠定了一定的基础。

中国思想界出现了一股前所未有的新思潮。这股新思潮的核心内容是"师夷长技以制夷"，认识世界和走向世界；寻求强国御侮之道，摆脱落后挨打的局面，实现民族振兴。

他们的思想和主张反映了中国社会转折时期思想界发生的显著变化，体现了中华民族不甘落后、锐意进取的奋勇精神，更是近代中国人民认识世界，走向世界的起点。

延伸阅读

农耕文明与海洋文明的区别——以中国和古希腊为例

农耕文明，是指由农民在长期农业生产中形成的一种适应农业生产、生活需要的国家制度、礼俗制度、文化教育等的文化集合。农耕文明集各类文化于一体，形成了独特的文化内容和特征，其主体包括国家管理理念、人际交往理念以及语言、戏剧、民歌、风俗等，它是世界上存在最为广泛的文化集成，也是人类史上的第一种文明形态。

海洋文明，是人类历史上主要因特有的海洋文化而在经济发展、社会制度、思想、精神和艺术领域等方面领先于人类发展的社会文化。所以，一种文明要想被称为海洋文明，必须满足两个要求：一是它要领先于人类社会的发展，二是这种领先主要得益于海洋文化，两者缺一不可。

考察人类有据可考的历史，按上述要求，第一个有充足的史料证明的海洋文明当是古希腊文明，而农耕文明的代表是中国，二者都是文明古国。下面简单介绍两种文明的区别与联系。

首先，一个重传承，一个重创新。

农耕文明的显著特点就是具有传承性。这首先是由它的生产方式决定的。种子、耕作技术、季节变化、工具制造等方面的知识与经验都需要传承。也就是因为这种生产上的传承需要，后来发展为对祖先世系的记载。儒家文化是农耕文化的一个典型代表，其对祖先的崇拜，实际上是农耕文明传承性的突出表现。甚至连传宗接代这种观念都是农耕文明传承性的一种表现。此外，在文字上，这种传承性也有充分体现。内陆国家的文字相对于海洋国家的文字来说更具有稳定性和持续性。中国文字一脉相承，与西方文字相比别具一格。

海洋文明不是一种闭关自守的文明，而是一种不断从异质文化中汲取营养的文明。海洋文明的开放是多方位的。从经济上讲，它是一种对外贸易依赖型文明，发展海外市场、开拓海外殖民地成为这种文明最重要的经济要求。从人口流动上讲，它在不断吸收外来人口的同时，又不断向外殖民。人口的流动提升了人种的素质，又促进了文化和思想的交流。古希腊人在思想道德方面的束缚之少也是很有名的，这一点在阿里斯托芬的戏剧中可以找到很多例证。古希腊的这种开放精神后来也鼓励了欧洲人突破中世纪教会的束缚。

图：帕特农神庙

其次，一个重集权，一个重多元。

农耕文明的最大特点是强调安土重迁，因为缺少变化，所以王朝非常容易建立起一种稳定恒常的秩序——所谓"溥天之下，莫非王土；率土之滨，莫非王臣"，虽然不同王朝的集权程度有差异。农耕文明的发展导致必然出现中央集权。

而海洋文明则体现出多元性。容忍异质文化和多种文化共存与竞争成了这种文明多元性的体现。多种文化的共存使每一种文化都随时意识到竞争的存在，为了在竞争中取得优势，都要设法不断发展。多元性促进了竞争，而竞争又促进了发展。同时，由于海洋的保护，每一个城邦都既可以保持自己的文化特点而又可以有选择地吸收其他城邦的优点。

最后，一个重权威、尊神性，一个重自我、尊理性。

农耕民族靠天吃饭，由于对抗大规模自然灾难的需要，对权威有一种发自内心的注重；与此同时，对能制造各种灾难的自然也有一种崇拜。在一个大的定居族群中，由于生产工具的落后，生活物资的匮乏，人们对生活物资的争夺肯定会不时发生。久而久之，族群就形成了一种公认的准则，成员即使有争议也是通过协商解决。在古时候，中国人就把人能战胜恶劣的自然环境生存下来归根于依靠集体的力量、权威的力量和神灵的力量。在国家制度形成后，这种观念成为一个国家内人与人之间、部族与部族之间相处的准则。

海洋文明则强调自我与理性。人从陆地进入海洋本身就意味着一种挑战，探索海洋能够培养和激发人的进取精神。古希腊人较少有思想上和精神上的束缚。古希腊人能够在各种文明聚集的地中海中崛起，很大程度上都得益于进取精神，而海洋似乎是这一精神最终的试金石，因此《荷马史诗》中的许多英雄都要在此一展身手。从征服爱琴海到征服地中海，古希腊人靠的就是这种精神。古希腊人一旦完全征服了地中海，其进取精神就大打折扣了。这种精神，只有等到生产力进一步发展，等到文艺复兴，等到人类开始有能力面对大西洋和印度洋的挑战时，才能得以进一步发扬。

这两种文明之所以有这些不同，关键就在于其对应的两种民族拥有不同的生活、生产方式。

农耕民族匍匐在大地上，自给自足，这种生产、生活方式自然造就了农耕文明中的保守、和平、中庸和求稳等观念。也是这种自给自足，使得农耕民族在交易方面的需求较小。

而海洋民族凭借舟楫"四海为家"的特点决定了其具有流动性和侵略性。居住在海边的人需要不断地向大海求取物资，这造就了他们的扩张性和不稳定性；海边的信息网络发达，这造就了他们的多变性和包容性；从大海里获取的物资是通过商品经济的形式交换的，这导致海洋民族的商品经济极为发达；海洋连接着整个世界，这造就了海洋文明的广阔性和不稳定性。更重要的一点也许是，航海活动催生了工商社会必不可少的契约文化和协商文化。道理很简单，在大海上航行，船上的所有人需要同舟共济、以诚相待，用协商的形式确定彼此的权利义务，通过利益交换达到双赢。

从某种意义上说，农耕文明便是一种善的文明。它本质上要求顺天应命，守望田园和辛勤劳作。它不主张培养侵略和掠夺的技艺，而是强调掌握争取丰收的方法，追求风调雨顺，营造人和的环境。尽管农耕文明不都是田园牧歌，也有争斗和战乱，但相较于海洋文明，具有本质上的不同。

思考：谈谈农耕文明与海洋文明带来的思想上的差异有哪些。

第3节　商业文化的融合发展

一、全球化背景下的商业趋势

经济全球化是一个复杂且多维度的过程，它涉及全球范围内贸易、资本、生产、金融和科技等领域的交互与融合。

1. 贸易自由化

贸易自由化指的是通过消除或降低关税壁垒，促进全球范围内的商品和服务流动。第二次世界大战后，关税及贸易总协定（GATT）和世界贸易组织（WTO）的建立，推动了全球贸易自由化的进程。随着区域贸易协定和双边自由贸易协定的涌现，这一进程在21世纪进一步加速。

2. 资本全球化

资本全球化指的是资本在全世界范围内自由流动。在过去几十年中，随着金融管制的放松和金融技术的进步，资本流动的规模显著扩大，资本流动的速度大大提升。这不仅促进了全球经济增长，也使得各国的经济更加紧密地联系在一起。然而，这也增加了金融风险，使得一些国家的经济容易受到国际金融市场波动的影响。

3. 生产全球化

生产全球化是指企业通过在全球范围内配置资源和生产要素，实现成本效益最大化。跨国公司的兴起是生产全球化的重要标志。这些公司不仅在全球范围内销售产品，还在不同国家设立研发中心、生产工厂和销售机构，充分利用各地的优势资源。

4. 金融全球化

金融全球化是指各国金融市场相互联系和融合。随着信息技术的发展和金融管制的放松，各国金融市场之间的联系越来越紧密。国际资本加速流动，跨国金融机构不断涌现，这使得各国经济和金融市场容易相互影响。

图：纽约华尔街铜牛雕像

5. 科技全球化

科技全球化是指科技知识和技术成果在全球范围内传播和应用。互联网和信息技术的快速发展，使得知识和技术跨越国界，在全球范围内快速传播和应用。这不仅促进了科技创新和经济增长，也使得各国在科技领域的竞争更加激烈。

商业故事

海尔砸冰箱

1985 年，张瑞敏收到一位客户的投诉：海尔生产的冰箱有质量问题。于是张瑞敏突击检查了仓库，发现仓库中居然有 76 台不合格的冰箱。

在研究处理办法时，相关管理人员提出建议：将不合格的冰箱作为福利，在企业内部处理。就在很多员工十分犹豫时，张瑞敏却做出了一个出乎所有人意料的决定：召开全体员工大会，把 76 台冰箱全部当众砸掉，而且由生产这些冰箱的员工亲自来砸。听闻此言，许多员工当场就流泪了。

要知道，那时候海尔连给员工发工资都十分困难，而一台冰箱要卖 800 元，这相当于普通工人两年的工资，将这么多冰箱砸掉，实在太可惜了。

但张瑞敏明白，自己不能用任何姑息的做法来告诉员工可以生产这种带缺陷的冰箱，否则不合格的冰箱今天是 76 台，明天就可以是 760 台、7600 台……所以，这一决定必须强制实施，必须起到震慑作用。

砸掉不合格的冰箱后，张瑞敏痛定思痛，大胆创新，他设立自主质检组，让每个员工都成为质检员，都是冰箱质量的负责人。这样就调动了员工的积极性，每个员工都自觉提高冰箱质量，由此产生的效果出奇地好。

质量为先的意识让海尔在 1988 年获得了冰箱行业的第一块金牌，并在此后不断拿到各种奖项。海尔砸冰箱也被奉为业界的经典案例，张瑞敏带头挥下去的那柄大锤还被中国国家博物馆收藏。

思考：谈谈海尔砸冰箱对于中国企业的促进作用。

二、中西方商业文化的融合

中西方商业文化的融合是一个不可逆的趋势，这体现了全球化背景下不同文化之间的交流与碰撞。

在商业贸易方面，随着全球化程度的进一步加深，中西方之间的贸易往来日益频繁，商品和服务的流通促进了中西方商业文化的交流和融合。例如，中国的传统商品（如丝绸、茶叶、瓷器等）在国际市场上受到欢迎，同时西方的商品（如电子产品、化妆品等）也大量进入中国市场。这种贸易往来不仅推动了中西方经济的发展，也加深了不同文化之间的了解和认知。

图：郑和下西洋所用的二千料海船模型

中西方商业文化在管理理念和管理方式方面也相互借鉴。中国企业注重以人为本，强调对员工的尊重和信任，而西方企业则更注重目标导向和激励机制。这种差异使得中西方企业在管理上能够通过相互学习和借鉴，形成更加完善的管理体系。

总的来说，中西方商业文化的融合是一个相互促进、共同发展的过程。这个过程不仅推动了中西方商业领域的繁荣和发展，也促进了不同文化之间的理解和交流。当然，在融合的过程中也需要注意保持各自文化的独特性，避免同质化。只有在尊重和理解的基础上进行深入交流和合作，才能实现真正意义上的中西方商业文化的融合。

文化交流可以跨越时间和空间的界限。交流应该允许争鸣，但争鸣必须以尊重、宽容为前提，以借鉴、扬弃为手段，取人之长、补己之短。伴随着中国经济日益融入世界经济体系，在全球化背景下，中国商业将朝着更加良性的方向发展，我们期待着在中华民族伟大复兴的征程上，中国商业也能书写出壮美的篇章。

三、中华商业文化的新发展

中华商业文化中的"诚一"之道为企业实现高质量发展提供了启迪。在我国经济从高速增长转向高质量发展、从要素驱动转为创新驱动的进程中，培育"专精特新"企业是重要举措。广大企业要坚守主业，致力于专业化、精细化、特色化，积极创新。"诚一"这个被无数历史事实证明有效的经验，迄今仍是取得成功的不二法门，值得特别重视。

中华商业文化中的"仁能以取予"为实现共同富裕提供了实践榜样。实现共同富裕是社会主义制度优越性的体现，是实现中华民族伟大复兴和社会主义现代化的重要标志。完善收入分配制度是促进共同富裕的关键，在此过程中，政府固然责无旁贷，企业家作为社会主义的经济力量亦要发挥重要作用。在初次分配环节中，商业文化强调市场机制和效率原则，通过劳动、资本、技术、管理等生产要素的贡献大小进行分配，这是社会财富初次分配的基础。商业文化的繁荣促进了经济的增长和财富的创造，为后续的分配提供了物质基础；在社会财富的再分配环节中，商业文化的发展影响政府的税收政策和社会保障制度，进而影响再分配的过程。例如，商业的繁荣使政府税收增加，从而让政府有更多的财力用于社会保障和提供公共服务，以缩小社会差距；在第三次分配环节中，商业文化倡导社会责任和公益精神，鼓励通过慈善、捐赠等方式参与分配，这种文化氛围有助于激发社会成员的公益意识。广大民营企业要积极投身光彩事业和公益慈善事业，致富思源，义利兼顾，自觉履行社会责任。

当今世界迫切需要构建基于人类命运共同体理念、以互利共赢为主旨的新商业文明，中华商业文化中取予以仁的思想、博施济众的精神，与守望相助、四海一家的理念相得益彰，必将随着"一带一路"倡议推进中华商业文明成长壮大，为人类商业文明的新发展贡献中国智慧，为中华民族伟大复兴增光添彩。

延伸阅读

《商业的本质》读书摘要

（1）在你成为领导者之前，成功的全部就是自我成长；当你成为领导者，成功的全部就变成了帮助他人成长。

（2）只有可以为行动提供借鉴的数据才是有用的数据。

（3）渐进式改进也是创新。

（4）洞察力包括较强的判断力和自信。

（5）财务，真正要看的是差异分析。3个指标：员工敬业度、客户满意度和现金流。

（6）市场营销的真正核心内容：合适的产品，合适的渠道，合适的价格，合适的宣传信息，合适的营销团队。

（7）与所有关系一样，营销关系必须建立在信任的基础上，而且必须私人化且理智。

（8）领导力的内涵：①真实和信任；②不断地探求真知，不懈地建立信任关系。

（9）幸福的员工才会留下来，才会做好工作。

（10）商业——地球上最伟大的游戏。

思考：商业的本质是什么？

第三章
中华传统文化与商业

3

无论时代如何变迁，文化的价值和重要性始终如一，它不仅是一个国家、一个民族的灵魂，更是人类社会的精神支柱。如何在现代社会中传承和发展中华商业文化，成为企业必须面对和思考的问题。

学习目标

知识目标	了解中华传统文化对饮茶、饮酒、饮食等社会生活和商业发展的影响，了解商业活动中的商务社交礼仪，理解当下的"国潮"文化及其蕴含的商机。
能力目标	能够运用商业文化的基本理论，分析和解决商业实践中的问题，具备一定的商业文化素养和商业创新能力。
素养目标	激发学生对商业的兴趣，培养学生从商业视角解析问题的能力，以帮助学生在未来的职业生涯中取得成功。

案例导入

茶马古道

在中国各民族中，藏族由于"以其腥肉之食，非茶不消；青稞之热，非茶不解"，而将茶作为"一日不可或缺"的生存必需品。但藏族所居的青藏高原地区素不产茶。为了将川滇的茶叶运入藏区，同时将藏区的土特产输入各地，一条条以茶叶贸易为主的交通线，在商贩、背夫、驮队、马帮的披荆斩棘下被开辟出来。由于唐代以来这种贸易主要是以内地之茶与藏区之马进行交换的形式进行，故历史上称之为"茶马互市"或"茶马贸易"。伴随这一贸易而开通的商道被称为"茶马古道"。

微课：茶马古道

图：云南腾冲马帮雕塑

茶马古道是以川藏道、滇藏道与青藏道（甘青道）3 条大道为主线，辅以众多的支线、附线而构成的一个庞大的交通网络，地跨陕、甘、贵、川、滇、青、藏，外延达南亚、西亚、中亚和东南亚各国。茶马古道的存在推动了各民族经济、文化的发展，凝聚了各民族的精神，加强了各民族间的团结。茶马古道是推动民族和睦、维护边疆安全的团结之道。茶马古道是中国统一的历史见证，也是民族团结的象征。

思考： 马帮这样的商业组织的出现反映了什么样的经济现象？

第1节　茶文化

茶文化是指饮茶活动过程中形成的文化特征，包括茶道、茶德、茶精神、茶联、茶书、茶具、茶谱、茶诗、茶画、茶学、茶故事、茶艺等。茶文化起源于中国，饮茶在中国至少已有上千年的历史[①]，以茶代礼的风俗也一直延续至今。从广义上说，茶文化是指人类以茶为载体，进行茶叶生产，这属于物质文化范畴；从狭义上说，茶文化是指人的自然属性和人的精神行为的和谐统一，喝茶使人得到精神享受，这属于精神文化范畴。《中国茶叶大辞典》则把"茶文化"定义为：人类在社会历史发展过程中所创造的有关茶的物质财富和精神财富的总和。

一、茶文化的演变发展

有一种说法，中华茶文化经历了"发乎于神农，闻于鲁周公，兴于唐而盛于宋"的过程。从"神农尝百草，日遇七十二毒，得茶而解之"开始，中国人就懂得喝茶了。

1. 秦汉的启蒙

西汉将茶的产地命名为"茶陵"，东汉华佗在《食经》中记录了茶的医学价值。三国魏代《广雅》中最早记载了饼茶的制法和饮用方法。

---

① 关于饮茶的起源，争议未定，或许起源更早。

2．晋代、南北朝的萌芽

茶文化的萌芽伴随着文人饮茶的兴起，有关茶的诗词歌赋日渐问世，茶已经走入文化圈，起着一定的精神支撑作用。《世说新语》记载：清谈家王濛好饮茶，每有客至，必以茶待客，有士大夫以为苦，每欲往王濛家去便云"今日有水厄"——把饮茶看成遭受水灾之苦。

3．唐代的形成

唐代陆羽著《茶经》，这是茶文化形成的标志。《茶经》是世界上第一部系统阐述茶的著作，全方位地总结了茶叶、茶饮和茶文化的各种知识，同时将儒、道、佛的思想与中国古典美学融入其中，从而创立茶学知识体系。

图：湖北天门"茶圣"陆羽雕像

4．宋代的兴盛

宋代是历史上饮茶活动最活跃的时期，民间"斗茶"活动盛行。宋太祖赵匡胤是位嗜茶之士，在宫廷中设立茶事机关，宫廷用茶已分等级，赐茶已成为皇帝笼络大臣的重要手段。

5．明清的普及

明代文震亨编写《长物志》，书中记载了文人"焚香伴茗"的情趣：品茶之时，在室内焚上淡雅的清香，清香与茶香交织在一起，香烟袅袅，烘托出亦真亦幻的朦胧感，顿时使人忘却尘世的喧嚣。

中国的茶文化在明清时期再次迎来了高峰。不管是达官贵人，还是平民百姓，都将茶以及茶文化视为生活的重要组成部分，使茶文化得到了很好的传承和发展。

明代茶文化最大的特点是返璞归真。与唐宋时代相比，明代最具创新精神的茶具当属小茶壶，它们是由瓷或陶烧制而成的。很多地方的茶具成为名品，比如景德镇的白瓷茶具以及青花瓷茶具等，这些茶具不管是品种、样式、造型还是色泽，都极其精巧。

清代由于政府允许自由种植茶叶，茶叶成为人们生活中不可缺少的饮料，饮茶更加平民化。如《清稗类钞》对当时人们日常生活的描述中，关于茶事的记载比比皆是，如"吴我鸥喜雪水茶""杨道士善煮茶""京师饮水"等。

二、茶文化的表现形式

茶文化的表现形式既有物质形态的，也有精神形态的。

1. 茶文化所表现的物质形态

茶文化所表现的物质形态，指的是人们从事有关茶的生产的活动方式的总和，即有关茶的栽培、制造、加工、保存、化学成分与疗效研究等，也包括品茶时所使用的水、茶具，以及桌椅、茶室等看得见摸得着的物品和建筑物。

2. 茶文化所表现的精神形态

茶文化所表现的精神形态，指的是人们在饮茶的过程中所创造出来的价值观念、审美情趣和思维方式等。古人将饮茶与人生处世哲学相结合，形成所谓茶德、茶道等，这些内容与儒家、道家的思想相互交融，形成了别具一格的茶文化。

（1）茶文化与儒家思想

儒家思想对茶事活动产生了深刻的影响，特别是在茶礼、茶俗等方面，影响更为深远。在茶礼方面，有贡茶、赠茶、赐茶、敬茶、奉茶等；在茶俗方面，有用茶祭祀等。儒家主张以茶利礼仁、以茶表敬意、以茶雅志、以茶培养廉洁之风，并用于明伦理、倡教化等。

（2）茶文化与道家思想

道家"天人合一"的思想认为，人必须顺应自然，符合大道，才能获得身心的解放。为此，首先要从身体的锻炼静修开始，而茶则是使人清净的媒介和助力。历史上著名的茶人都有一套精湛的烹茶技艺，烹茶的过程就是将自己的身心与茶的精神相互沟通的过程。

三、中国茶道的思想核心

据陆羽的《茶经》，茶作为一种木本植物，与"木"有着深厚的联系。泡茶用的风炉用铁铸从"金"，放置在地上从"土"，炉中燃烧的木炭从"火"，风炉上煮的茶汤从"水"。煮茶的过程就是金、木、水、火、土五行相生相克并达到和谐的过程。可见，五行调和的理念是中国茶道的哲学基础。

中国茶道中的和是由《周易》中的"保合大和"的观点演化而来的。"保合大和"指世间一切事物都是由阴、阳两种要素构成的，阴阳调和才是善利万物的人间之道。历代茶人把和作为一种胸襟、一种境界，在茶道中感悟和的真谛。

在儒家看来，和是"度""恰到好处"，在泡茶时表现为"酸甜苦涩"调和的中庸之美；在待客时表现为"奉茶为礼尊长者，备茶浓意表浓情"的明礼；在饮茶过程中表现为"饮罢佳茗方知深，赞叹此乃草中英"的谦和。

静是追求中国茶道的必由之径，饮茶者的心需至静，能像镜子一样映出天地万物。郑板桥认为，"不风不雨正晴和，翠竹亭亭好节柯，最爱晚凉佳客至，一壶新茗泡松萝"，这是静心的最好范例。饮茶者的心灵在虚静中显得空明，精神在虚静中净化、升华，自身将在虚静中与自然融合，从而达到"天人合一"的境界。

图：唐·王维《积雨辋川庄作》（节选）

四、中国茶道对商业的启发

中国茶道对商业的启发体现在以下 5 个方面。

（1）注重细节：茶道是一门注重细节的艺术，从选择茶叶和茶具、泡茶到品茶，每一个环节都有严格的要求。同样，在商业中，细节决定成败，关注细节才能让商业更加成功。

（2）追求品质：茶道追求的是茶叶的品质和味道，只有高品质的茶叶才能泡出香醇可口的茶。同样，企业家在商业中也需要追求品质，无论是对于产品、服务还是管理，都要追求卓越。

（3）尊重他人：茶道是一种社交活动，需要主人和客人相互尊重、礼让和合作。同样，在商业中，尊重他人也是非常重要的，企业家只有尊重客户、同事和合作伙伴，才能建立良好的人际关系，促进商业的成功。

（4）耐心和专注：茶道强调耐心和专注，饮茶者需要用心感受茶的味道和香气，需要慢慢品味。同样，企业家在商业中也需要耐心和专注，需要不断地学习和探索，不断地完善自己和提高自己的能力。

（5）传承和创新：茶道有着悠久的历史，不但注重传承，同时也在不断地创新。同样，企业家在商业中也需要传承和创新，需要不断地汲取传统的经验和智慧，同时也需要勇于尝试新的方法和思路。

延伸阅读

苏轼与茶

苏轼少年得志，誉满天下，但也历经坎坷波折，尝尽世间悲苦。尽管遭此命运，苏轼仍乐观生活。在那些被岁月磨砺的日子里，他不忘体察民情，开荒地、建长堤，写诗词、品清茗。一片片茶叶陪他品尽了人生甘苦，他也在茶的滋味之中去探寻人生况味。

图：苏轼

苏轼对茶的喜爱在他的作品中有所体现。

他在夜间工作时离不开茶：

薄书鞭扑昼填委，煮茗烧栗宜宵征。（《次韵僧潜见赠》）

他在写文写诗时离不开茶：

皓色生瓯面，堪称雪见羞；东坡调诗腹，今夜睡应休。（《赠包安静先生茶三首·其一》）

他的日常起居离不开茶：

沐罢巾冠快晚凉，睡余齿颊带茶香。（《留别金山宝觉圆通二长老》）

春浓睡足午窗明，想见新茶如泼乳。（《越州张中舍寿乐堂》）

他嗜茶如癖，常把饮茶当作人生最快意之事。在杭州做通判时，他在孤山小昭庆寺与惠勤禅师饮茶，便大谈茶能去病：

示病维摩元不病，在家灵运已忘家。何须魏帝一丸药，且尽卢仝七碗茶。《游诸佛舍一日饮酽茶七盏戏书勤师壁》

他被贬惠州、儋州这种"烟瘴之地"时，也不忘用茶分忧：

同烹贡茗雪，一洗瘴茅秋。（《虔守霍大夫监郡许朝奉见和此诗复次前韵》）

在苏轼看来，茶不仅是用来喝的，更是用来品的。茶能让人的心安静下来，让人直面人生苦涩，坦对世间悲苦。

思考： 茶叶为什么会成为文化交流中的重要商品？

第2节　饮食文化与商务社交礼仪

一、酒与酒文化

1. 酿酒工艺和酒器

中国是世界上酿酒历史悠久的国家之一，关于酒的起源众说纷纭，流传较广的说法是酿酒始祖为杜康，东汉许慎在《说文解字》中记载："古者少康初箕作帚、秫酒。少康，杜康也。"杜康成为酒的代名词，曹操有诗句"慨当以慷，忧思难忘。何以解忧，唯有杜康"传世。

酒的起源是一个漫长而又复杂的过程。原始社会中，食物保鲜条件差，某些含糖原料在微生物的作用下发酵，离析出含酒精的甜味液体，形成最早的酒。酒的出现反映了谷物种植的规模化，人们已经有了富足的粮食。

古代的酒一般是通过将黍、秫煮烂后加上酒母酿成的，杜甫在《羌村三首·其三》中有诗句"莫辞酒味薄，黍地无人耕"，足见黍是主要的酿酒原料。古代的酒一般成酒时间短且不经过蒸馏，酒精含量很低。唐代酒的酒精度大概低于 20%，烈性酒在中国出现得很晚，元代引进蒸馏法，才出现酒精度较高的白酒。

古代常用的酒器有尊、壶、卣、爵、觚、觥。酒器还作为礼器使用，有时也与食器、水器通用。酒器大致分为两种：一种用于盛酒，容量较大，比如尊、壶、卣；一种用于饮酒，容量相对较小，比如爵、觚。

图：商代青铜器（铜勺、铜瓶、铜爵、酒尊）

2. 民俗与娱乐中的酒文化

周代大力推行礼仪，将酒器作为礼器在祭祀中使用，严格遵循等级制度。到了春秋战国时期，酒器不再作为礼器，饮酒之风盛行。

此后，酒在中国民间生活中一直占有重要地位，在社交与礼仪活动中都是不可缺少的部分。

酒在婚俗中扮演着重要角色。汉代以前，新郎新娘要喝"合卺酒"：将匏瓜一分为二，新郎新娘各执一半盛酒共饮，象征两个人连为一体。这种婚俗一直保留到唐代，到了宋代在形式上发生变化。南宋《东京梦华录》记述道："用两盏以彩结连之，夫妇互饮一盏，谓之'交杯'饮讫，掷盏并花冠子于床下，盏一仰一合，俗云大吉，则众喜贺。"交杯酒的说法一直延续至今。

中国民间还有很多独特有趣的习俗，比如元旦饮花椒酒、屠苏酒。元旦饮花椒酒是很古老的习俗，汉代后改为饮椒柏酒，柏是常青之树，饮椒柏酒表达了人们对延年益寿、祛除病灾的美好向往。后来，人们又增添了元旦饮屠苏酒的习俗。

除此以外，中国民间还有社日饮酒、春日禊饮、端午节饮雄黄酒、中秋节饮桂花酒、重阳节饮菊花酒等习俗。这些古老的习俗反映了先民丰富的文化生活。

在饮酒过程中，人们还发明了酒令。酒令将饮酒与娱乐结合在一起，是中国酒文化中最具特色的一部分，成为古代人民最重要的娱乐方式之一。

最初的酒令是指周代酒官制度下的主酒官吏，后来慢慢发展为社会生活中的娱乐性饮酒行令活动。

流行于先秦时期的饮酒游戏有投壶，投壶由司射监管规则，有完整的礼仪程序。投壶者在一定距离外把短矢投向空壶，顺投入壶者胜，可罚未胜一方饮酒。

此外，猜谜的射覆和猜东西的藏钩，都是饮酒中常见的酒令。

图：投壶射礼

唐代饮酒之风盛行，酒令也多种多样。酒宴中，人们会设立明府、律录事、觥录事监管酒令规则。酒令有作诗的律令，抛掷骰子的骰盘令，还有击鼓传花之类的抛打令。在行抛打令的同时，人们和着节奏载歌载舞，表现了唐代民风开放、歌舞兴盛的恢宏气象。

此外筹令也是常见的酒令之一，在唐代开始盛行。人们将词曲诗文或者经书摘句铭刻在象牙、兽骨、竹片等物制成的签筹上，并附注具体行令规则，构成完整的令辞。比如"后生可畏——少年处五分"，意思是酒宴中最年轻的人喝半杯酒。

这些酒令将诗词融入其中，形成了独特的中国酒文化，我们从中可以看出唐代文化繁荣、诗词兴盛。

3. 酒文化中的自律精神

最早在夏禹时期，禹品尝了仪狄的美酒后，警醒地意识到酒可能会带来灾祸，命令民间禁酒。周公作《酒诰》告诫康叔不可沉迷饮酒。周代人认为商代人饮酒亡国，将放置酒杯的案台称为"禁"，其中最有名的当数 1978 年出土于河南淅川县下寺春秋楚墓的云纹铜禁，它体现出先民对饮酒成祸的警醒担忧和自律精神。明朝时期，人们注重酒德，强调饮酒顺性适量，反对豪饮，认为饮酒应追求微醺，且与交友赏景、陶冶性情结合在一起。

可见在中国漫长的饮酒历史中，自律与节制一直伴随着酒文化的发展，并反映在文学作品与器物中。

图：河南博物院春秋云纹铜禁

二、中国饮食文化的特点

中国是文明古国，也是拥有悠久饮食文化历史之地。中国饮食文化突出"养、助、益、充"，讲究"色、香、味"俱全，除菜肴的色彩搭配要明媚如画外，还注重用餐的氛围。中国饮食文化具有以下4个特点。

1. 四季有别

按季节而吃是中国饮食的一大特征。自古以来，中国人一直按季节变化来调味、配菜，冬天味醇浓厚，夏天清淡凉爽；冬天以炖、焖、煨为主，夏天则多凉拌冷冻。

2. 讲究美感

中国的烹饪不仅技术精湛，而且有讲究菜肴美感的传统，注意食物的色、香、味、形、器的协调一致。中国人对菜肴美感的表现是多方面的，无论是红萝卜，还是白菜心，都可以雕出各种造型，独树一帜，达到色、香、味、形的和谐统一，给人以精神和物质高度统一的特殊享受。

3. 注重情趣

中国饮食很早就注重品味情趣，不仅对饭菜点心的色、香、味有严格的要求，而且对它们命名的独特性、品味的方式、进餐时的节奏、娱乐的穿插等都有一定的要求。中国菜肴的名称可以说是出神入化、雅俗共赏。菜肴名称既有根据主料、辅料、调料及烹调方法来命名的，也有根据历史典故、神话传说、名人食趣、菜肴形象来命名的，如"全家福""将军过桥""狮子头""叫花鸡""龙凤呈祥""东坡肉"等。

4. 食医结合

中国的饮食与医疗保健有密切的联系，在几千年前就有"医食同源"和"药膳同功"的说法。利用具有药用价值的食物原料做成的美味佳肴，能够起到防治某些疾病的作用。

延伸阅读

古诗词中的菜名

菜名文化是中国饮食文化的一部分。优美动听、寓意吉祥的菜名，给人以艺术的享受。

桃花鳜鱼取自唐代张志和的《渔歌子》："西塞山前白鹭飞，桃花流水鳜鱼肥。青箬笠，绿蓑衣，斜风细雨不须归。"意思是说，西塞山前的白鹭自由飞翔，碧绿的流水映照着岸边火红的桃花，水中的鳜鱼十分肥大；渔人头戴青色箬笠，身披绿色蓑衣，撒下丰收的渔网，天虽刮着微风，下着小雨，他却不想回家。

银河紫鲍取自李白的《望庐山瀑布》："日照香炉生紫烟，遥看瀑布挂前川。飞流直下三千尺，疑是银河落九天。"意思是说，明丽的阳光照耀着香炉峰，香炉峰上水汽蒸腾，仿佛阵阵紫烟从山上升起；远远望去，一道瀑布似白色绢绸悬挂在山前。瀑布凌空直下，足有三千尺长，使人怀疑这是天上的银河流到了人间。

白银盘里一青螺源于唐代刘禹锡《望洞庭》中的"遥望洞庭山水翠，白银盘里一青螺"。洞庭，指洞庭湖；山，指君山。在洞庭湖中，远远望去，湖中的君山青翠娇小，好像白云盘托着的青螺一样。

柳叶平菇来自唐代刘禹锡的《竹枝词》："杨柳青青江水平，闻郎岸上唱歌声。东边日出西边雨，道是无晴却有晴。"意思是说，江水平缓，岸边杨柳依依，忽然听到岸边有人唱歌的声音；东边出了太阳，西边却还在下雨，此时此刻，说是没有晴（情），却实在是有晴（情）。

彩云猴蘑取自李白的《早发白帝城》："朝辞白帝彩云间，千里江陵一日还。两岸猿声啼不住，轻舟已过万重山。"意思是说，早晨从高高的彩云环绕的白帝城出发，到相距千里的江陵只用一天时间；长江两岸群峰相对，猿猴的啼声此起彼伏，一声声地传到船上来，而诗人乘坐的轻舟如箭似风，一下子就穿过了万重山，将群峰抛到后边。

寒雀梅花大虾源于南宋著名诗人杨万里的咏物诗《寒雀》："百千寒雀下空庭，小集梅梢话晚晴。特地作团喧杀我，忽然惊散寂无声。"

东坡肉源于苏轼的《东坡煮肉歌》："黄州好猪肉，价贱如粪土。富者不肯吃，穷者不知煮。慢着火，少着水，火候足时味自美。每日起来打一碗，饱得自家君莫爱。"

图：东坡肉

佛跳墙源于清代文人的诗句："坛启荤香飘四邻，佛闻弃禅跳墙来。"

冰雪梅花酒香鸡源于南宋大诗人陆游的《梅花绝句·其二》："幽谷那堪更北枝，年年自分著花迟。高标逸韵君知否，正在层冰积雪时。"

阳关三叠（又名"三层鸡塔"）源于古人为唐代诗人王维的千古绝唱《赠别》（又名《送元二使安西》）谱写的曲子。诗文为："渭城朝雨浥轻尘，客舍青青柳色新。劝君更尽一杯酒，西出阳关无故人。"意思是说，渭城的一个早晨，一阵小雨打湿了路面，尘土不扬。雨后客舍周围的柳树一片青翠，清新宜人；请你再干一杯酒吧，因为你出了阳关就再也没有老朋友了。此菜多用于饯行，以表达主人的送别情意。

图：阳关三叠

口蘑汤泡肚源于著名戏剧研究家许姬传老人食后留下的即兴诗："倚马我渐奏凯歌，浅斟不觉醉屠苏，易牙手段湖南味，汤泡肚尖冠首都。"

三、商务社交礼仪

1. 举止礼仪

商务社交礼仪中的举止礼仪主要体现在以下几个方面。

（1）要塑造良好的交际形象，必须讲究举止礼仪。举止礼仪是自我素养的表现，一个人的举止可直接表明他的态度。在交际中，应做到彬彬有礼，落落大方，遵守一般的社交礼节，尽量避免各种不礼貌、不文明习惯。

（2）到客户的办公室或家中访问，进门之前先按门铃或轻轻敲门，然后站在门口等候。按门铃或敲门的时间不要过长，未经客户允许，不得擅自进入室内。

（3）看见客户时，应该点头微笑致意。拜访客户时，如未事先预约，应先向客户表示歉意，然后再说明来意。同时，要主动向在场的人问好或点头示意。

（4）在客户家中，未经邀请不能参观卧室，也不可任意玩弄桌上的东西，更不能把玩客户的名片，不要触碰室内的书籍、花草及其他陈设物品。

（5）在客户未坐定之前，不宜先坐下。坐姿要端正，身体略微往前倾，不要跷二郎腿。要用积极的态度和温和的语气与客户谈话。在客户讲话时要认真听，回答相关问题时以给出肯定的答案为先。眼睛看着对方，不断注意对方的神情。

（6）站立时，上身要稳定，双手自然垂于身体两侧。当客户起身或离席时，应同时起立示意。当与客户初次见面或向客户道别时，要举止得体、有礼有节。

（7）要养成良好的习惯，避免各种不雅举止。不要当着客户的面擤鼻涕、掏耳朵、剔牙齿、修指甲、打哈欠；如果实在忍不住想咳嗽、打喷嚏，应用手捂住口鼻，面朝一旁，尽量不要发出过大的声音；不要乱丢果皮、纸屑等。这虽然是一些细节，但它们能影响客户对你的总体印象。

2. 商务谈话的原则

谈话是商务谈判的中心活动。在圆满的谈话活动中，遵守谈话的原则具有十分重要的作用。

（1）尊重他人

谈话是一门艺术，谈话者的态度和语气极为重要。有人说起话来滔滔不绝，容不得其他人插嘴，把别人都当成了自己的学生；有人为了显示自己的能说会道，总是喜欢用夸张的语气来谈话，甚至不惜危言耸听；有人以自己为中心，完全不顾他人的喜怒哀乐。这些人因为不懂得尊重他人，给人的印象只能是傲慢、放肆、自私。

（2）举止得体

以适当的动作加重谈话的语气是必要的，但某些不尊重别人的举动，例如揉眼睛、伸懒腰、掏耳朵、摆弄手指、活动手腕，用手指向他人的鼻尖、将双手插在衣袋里、看手表、玩弄纽扣和抱着膝盖摇晃等都不应当出现，否则会使人感到你心不在焉、傲慢无礼。

谈话中的目光与体态是颇有讲究的。谈话时目光应保持平视，仰视显得谦卑，俯视显得傲慢，均应当避免。谈话时应目光柔和地注视对方的眼睛，不要直愣愣地盯着对方。

（3）谈吐文明

谈话时若使用外语或方言，需要顾及谈话对象以及在场的其他人。假如有人听不懂，那就最好别使用外语或方言，不然就会使他人感到这是故意卖弄学问或有意不让自己听懂。与许多人一起谈话时，不要突然与某一个人窃窃私语。如果确有必要提醒对方注意脸上的饭粒或未系的纽扣，那就应该请对方到一边去谈。当谈话者超过三人时，应不时同其他人说上几句话。

延伸阅读

祖千秋论酒

金庸先生所著的《笑傲江湖》第十四章"论杯"中，祖千秋和令狐冲讨论饮酒的酒具，相关情节就非常具有文化内涵。

令狐冲正待请祖千秋饮汾酒的时候，祖千秋却告诉令狐冲，饮用汾酒，须用玉杯，理由是唐人有诗云"玉碗盛来琥珀光"。这句诗出自唐代李白的《留客中行》，全诗如下："兰陵美酒郁金香，玉碗盛来琥珀光。但使主人能醉客，不知何处是他乡。"唐代是中国文化发展的一个高峰，唐代的几位大文豪均与酒结下了不解之缘，李白除了被誉为诗仙外，也享有酒仙的美誉，因此金庸在这里引述李白的诗句来展现酒文化，令人浮想联翩。

在讲到葡萄酒的时候，祖千秋是这样说的："至于饮葡萄酒嘛，当然要用夜光杯了。古人诗云：'葡萄美酒夜光杯，欲饮琵琶马上催。'要知葡萄美酒作艳红之色，我辈须眉男儿饮之，未免豪气不足。葡萄美酒盛入夜光杯之后，酒色便与鲜血一般无异，饮酒有如饮血。……岂不壮哉！"盛唐时期，河西走廊成为西域文明和中原文明交织的核心地带。中原地区的文人墨客也沿着丝绸之路抵达西域，目睹了西域美景，形成了独具特色的边塞文化。

在讲到高粱酒的时候，祖千秋说道："至于这高粱美酒，乃是最古之酒。"这也是有根据的，因为高粱乃是先民最早食用的粮食作物之一，先秦时期人们酿酒的原材料极有可能也是以高粱为主。所以，祖千秋说："饮这高粱酒，须用青铜酒爵，始有古意。"这让令狐冲认识到，饮酒不单是作乐，更像是在向先民致敬。众所周知，青铜爵杯是早期青铜器中常见的酒器。河南偃师二里头遗址更是出土了中国最早的青铜酒器——爵杯。

后来，祖千秋又介绍绍兴状元红酒的饮法。"须用古瓷杯，最好是北宋瓷杯，五代瓷杯当然更好，吴越国龙泉哥窑、弟窑青瓷最佳，不过那太难得。南宋瓷杯勉强可用，但已有衰败气象，至于元瓷，则不免粗俗了。"宋代是中国瓷器制作技艺发展的高峰，名窑除了哥窑之外，还有汝瓷、官窑、钧窑、定窑，它们被称为宋代五大名窑。

图：首都博物馆高足杯碗

祖千秋继续补充道："饮这坛梨花酒呢？那该当用翡翠杯。白乐天《杭州春望》诗云：'红袖织绫夸柿蒂，青旗沽酒趁梨花。'你想，杭州酒家卖这梨花酒，挂的是滴翠也似的青旗，映得那梨花酒分外精神，饮这梨花酒，自然也当是翡翠杯了。饮这玉露酒，当用琉璃杯。玉露酒中有如珠细泡，盛在透明的琉璃杯中而饮，方可见其佳处。"

虽然"论杯"只是整部《笑傲江湖》中的一章，即使金庸先生删掉这些介绍酒具的细节，也丝毫不影响小说的情节走向，但是金庸先生仍用非常细腻的笔法将这一切娓娓道来。或许在金庸先生心目中，武侠小说只是一种载体，他借用这一载体展现中华传统文化的厚重，以此向创造光辉灿烂文明的先人致敬。

万丈红尘三杯酒，千秋大义一壶茶！

思考：在商业活动中，为什么一些人喜欢饮酒？分享你所知道的饮酒礼仪。

第3节 "国潮"文化中的商机

文化兴国运兴，文化强民族强。近年来，"国潮"强势崛起，从经典国货焕新升级到新消费品牌快速火爆，再到"中国智造"引领文化、科技蓬勃发展，当前"国潮"所代表的意义，不再限于本土潮流品牌的打造，更是文化自信引领下的新消费浪潮，是中华传统文化和科技创新双重驱动的全面发展。

何为"国潮"？从字面释义来看，"国"即中国、中国品牌、中华文化，意指传统；"潮"是潮流，既包括新时代的潮流文化，也体现人们的个性追求，意指现代。二者结合体现了传统与现代的有机融合。"国潮"是中国原创品牌深植于中华文化沃土，塑造特色风格，打造多样化的文创产品而带来的一种消费潮流和风尚。

一、中国传统服饰文化特色

服饰是人类生活的要素，又是人类文明的标志，它除满足人们物质生活中的需要外，还代表着一定时期的文化。服饰的款式与演变，面料的选用与搭配，颜色的选择与组合，均体现了特定时期的生产力状况和科技水平，反映着人们的思想文化、宗教信仰、审美观念和生活情趣。

图：汉服十二花神美人画卷

数千年来，中国传统服饰文化不断发展演变，受到历史发展、社会制度变迁、审美观念与文化融合、服饰技术与工艺发展等多个因素影响，构成了中国传统服饰文化的独特魅力和深厚底蕴，其表现出和谐统一、标志突出和种类多样三大特色。

1. 和谐统一

和谐统一是中国传统服饰文化的精髓。纵观中国几千年的服饰发展史，和谐协调与规矩统一是中国传统服饰文化的真谛。中国服饰自诞生以来，一直遵循着物理取暖与审美表现、标识显示与象征表达、个性突出与喜庆吉祥的统一，最大限度地达到与自然、社会、人的和谐、协调。

2. 标志突出

标志突出是中国传统服饰文化的最基本的元素。这一元素主要表现在人们在长期的生产实践和社会实践中所产生的对服饰意念表达中的等级尊卑标志、行业职业标志、行为道德标志以及年龄结构与性别标志上。从部落头领与狩猎功臣服饰的标志到封建帝王服饰的标志，从古代官服的标志到现代职业装的标志，从古代常服到今天的便服、晚礼服等，都彰显了其标志突出的文化特征。标志不单单是一种"制度"的要求，更是一种社会道德规范，其大大推进了中国传统服饰文化的发展。可以断言，如果没有数千年来阶级社会中冠服制度的保障，中国不可能获得"衣冠王国"的殊荣。

3. 种类多样

种类多样是中国传统服饰文化的又一特色。从纵向上看，中国传统服饰文化在各个时期均有较大差异。就中国近 3000 年来阶级服饰演变的轨迹而言，周服和汉服不同，唐制与清制差别也大，基本上每个朝代都有自己的服饰制度，都有其特定的礼仪要求。从横向上看，由于中国地域辽阔、民族众多，其对服饰款式的追求，对服饰色彩的忌讳，对服饰材料应用的技术水平，以及对服饰在不同时间、不同地点的意向表达，都有很大的差异，有时还反映出极大的对立。这种多样性既反映了中国传统服饰文化的丰富多彩，又反映了其与其他国家服饰文化的不同特色。

二、"国潮"服饰的特征

如今，"国潮"服饰出现在人民美好生活的各种场景中，礼服、休闲服、运动服、家居服等各类服饰中都能看到"国潮"服饰的身影。以醒目的汉字为主要设计元素的运动服、印有民族特色纹样的外套，以及结合珐琅、绒花等传统工艺制成的首饰等，受到众多时尚爱好者的喜爱。在 2022 年北京冬奥会开幕式上，运动员入场环节中各代表团的引导员的服饰也具有"国潮"特色：在寓意冬季的白蓝色调上，以连绵不断的传统回纹演绎雪花图案，以传统笔墨营造山水效果。引导员的虎头帽更是点睛之笔，蓝白相间的虎头造型出自河北民间剪纸，为整套服饰增添了迎春之意。

图：2022 年北京冬奥会引导员服饰

"国潮"服饰有以下几个特征。

1. 立足时代，主题鲜明

"国潮"服饰是中国传统服饰文化在当代中国的活态传承，饱含时代记忆、文化基因、社会生活等内容，呼应着人们日益增强的文化自信与文化自觉意识，以及创造更美好生活的热情，具有鲜明的主题。

文化基因主题注重深入挖掘民族文化宝库，再以时尚形式对其加以展现。它可以是传统要素的原生态呈现，也可以是重组、再造与创新性表现。比如，某品牌在服装背部设计上，以虎和鹤构成太极图案，将威猛和空灵融为一体，既传统又前卫。社会生活主题则往往体现出设计者对当代生活的文化审视和艺术表达。比如某品牌将发生在我们身边的故事，通过服装图案、色彩、材料和装饰等设计手法表现出来，用服饰语言诠释美好生活。

2. 萃取古今，深入表达

"国潮"服饰兴起于东方，是文化传承与创新在服饰领域的生动体现，也是中国传统服饰和国际中式服饰的迭代升级。

"国潮"服饰萃取的文化要素贯穿古今，既涉及传统要素的转化，也涉及当代元素的融入。在"太空迎春"活动中，航天员的服装上用中国红绘制的象征探索宇宙的图案，就是对莫高窟中敦煌飞天飘带的再创作。舱内用鞋更是"别有洞天"：鞋底的镂空设计是对篆书"九天揽月"的转化，外圈环绕着满天星辰，展现出古典的浪漫情怀。

3. 科技创新，续写新篇

"国潮"服饰的创新发展离不开科技支撑。云锦、蜀锦、蜡染、扎染等古代织造、印染技术，作为非物质文化遗产传承至今，在科技的助力下焕发新貌；今天的新材料、新技术、新理念更是直接让"国潮"服饰有了新的可能。科技带来的新工艺不仅能最大限度地优化传统工艺、还原艺术效果，还能创造出前所未有的产品。比如，电脑印花技术能在不同面料上呈现逼真彩色图像，还能创造出立体效果，极大地超越了传统丝网印花技术。又比如，将柔性电子屏技术和传统面料结合，让人们把电子艺术图案穿在身上，电子图案呈现的内容可以跨越古今。有的设计注重运用环保技术，以推动"国潮"服饰可持续发展。放眼未来，智能服装行业的兴起又将为"国潮"服饰带来惊喜，这同样令人期待。

将传统文化与时代审美、民族特色与国际潮流有机结合，"国潮"设计对当代服饰文化的影响力与日俱增。期待"国潮"设计继续助推服饰文化传承与创新，为中国传统服饰文化续写新的篇章。

三、"国潮"中的商机

"国潮"与商业文化的关系主要体现在以下几个方面。

"国潮"为国内品牌提供了创新空间。"国潮"产品的兴起，让人们看到了传统与现代的结合，为国内企业提供了创新的机会。国内品牌可以借助"国潮"元素，开发出富有创意和特色的产品，满足年轻消费者的需求，提升品牌的市场竞争力。

"国潮"为商业文化注入文化内涵。"国潮"产品将传统文化元素与现代商业文化相结合，丰富了商业文化的内涵。商业品牌可以通过引入"国潮"元素，提升品牌的文化价值，打造独特的品牌形象，增强消费者对品牌的认同感和忠诚度。

图：端午节"国潮"插画

商业文化为"国潮"提供了传播平台。"国潮"产品的流行离不开商业文化的推广。商业品牌通过现代化的营销手段，如社交媒体、网络直播等渠道，将"国潮"产品推向更广泛的市场，为"国潮"提供了传播平台。中国是一个人口大国，有独特的市场优势。就时尚消费而言，如今的前沿消费主力主要为"90后"和"00后"。这些在新时代成长起来的青年，从出生起就沐浴着和平、发展和繁荣的雨露，他们在多样化的消费环境中，秉持着个性化的生活理念，自主地选择生活方式，全面注重生活品质。他们的个性化和精致化需求，刺激了中国品牌在工艺水平、审美水平、创意能力上的提升，这构成了"国潮"崛起的强劲动力。

"国潮"是中国品牌和时尚消费叠加的产物。举世瞩目的消费趋势背后是生产体系、消费能力和文化心理的对接、融汇和支撑。归根结底，"国潮"是时尚消费热潮的中国化，体现了国人的文化自信持续增强。这种自信自然会转化为消费中的审美和价值依据，"国潮"的崛起也就有了深厚的文化底蕴。

总之，"国潮"与商业文化之间相互影响、相互促进。"国潮"为商业文化提供了创新空间和文化内涵，而商业文化为"国潮"提供了传播平台和市场机会。未来，随着"国潮"文化的不断发展和商业文化的不断创新，两者之间的关系将更加紧密，它们将共同推动中国文化的传承和发展。

知识窗口

消费主义

消费主义是一些西方国家普遍流行的一种社会现象，是指导和调节人们在消费方面的行动和关系的原则、思想、愿望、情绪及相应的实践的总称。其主要原则是追求体面的消费，渴求无节制的物质享受和消遣，并把这些当作生活的目的和人生的价值。

消费主义文化意识已经潜移默化地影响了人们的消费观念，使一部分有经济能力的人群将消费主义价值观体现在现实的购买行动上，而那些尚不具备高消费能力的人群则有了一定的消费主义倾向。观念上的消费主义是指，由于经济条件的限制暂时还不能实现高消费，但已经在极力追求或模仿消费主义的生活方式，甚至常常在超出经济能力或压抑基本需求的情况下去追求心理或观念上的消费。城市中一部分青年群体是观念上的消费主义最主要的接收者，他们首先在观念上认同消费主义的价值取向和生活方式，崇尚个人享乐和所谓的个性，向往高消费、高端品牌，把高端品牌与高品位等同起来，把高消费与美好的个性生活结合起来。

✱ **思考**

在经济快速发展、商品极为丰富的情况下，你如何看待极端消费现象？

第四章
商业道德与社会责任

4

经济快速发展的过程中，出现了诸如资本无序扩张、信息大规模泄露、金融服务监管困难等一系列经济问题、安全问题。人们呼吁企业承担更大的责任，其中就包括社会责任。

如何引领企业承担社会责任、发挥社会价值，在规范、健康和持续发展中，为我国经济高质量增长贡献力量，是全社会共同关注的重点问题。

学习目标

知识目标	了解道德冲突与商业道德冲突的含义，树立正确的义利观，了解商业道德选择与评价，掌握企业的商业道德与社会责任相关内容。
能力目标	能够运用商业道德与社会责任的基本理论分析和解决商业实践中的问题，具备一定的商业道德与社会责任素养。
素养目标	激发学生对商业的兴趣，培养学生从商业视角解析问题的能力，以帮助学生在未来的职业生涯中取得成功。

案例导入

胖东来创建于 1995 年 3 月，经过 20 余年的发展历程，已成为河南商界具有知名度、美誉度的商业零售企业。胖东来旗下涵盖专业百货、电器、超市连锁企业。

2021 年 7 月 21 日，郑州遭遇"7·20"特大暴雨的第二天，胖东来的第一批救援队伍由于东来亲自带队前往郑州救援。7 月 22 日，胖东来志愿队运输第三批物资前往郑州支援。

图：胖东来超市

　　顾客、员工、合作商是于东来心目中的"3个至上"，体现了于东来商业理念的核心价值，也是胖东来具备高度的团队凝聚力、市场亲和力的基础。在许昌，胖东来的"传奇"之处集中体现在极具人性化的团队管理和待客之道上。于东来对数千名员工的情况进行准确把握，总能及时为员工解决急迫的困难：员工家庭遭遇病患，于东来会第一时间把抚慰金、医药费送去，甚至亲自安排患者就医；顾客在购物时能体会到轻松和关爱，楼层电梯出入口总有数名专职服务人员负责搀扶老人孩子，不断轻声提醒顾客注意安全；婴儿弄湿地板，短时间内便有保洁人员前来进行贴心的帮助和清扫；一个远道而来的顾客要买几两荞麦面，当时胖东来的生活广场并无此商品，有关人员留下顾客的地址，从外面采购了荞麦面，并为顾客将此物送上家门。

　　胖东来与供应商的合作是建立在公平诚信的基础上的。10多年来，除了涉及顾客利益的商品质量问题，胖东来从未随便驱逐或惩罚过一个供应商。科学的、稳定的供应商财务结算体系，帮助胖东来构建了稳定且高效的合作供应链。重要的是，胖东来最大限度地获得上游价格优势和开展促销合作，为顾客争取到实惠的价格，也增强了自身的竞争能力。

　　思考：2023年，胖东来火爆全网，全国网友纷纷到许昌打卡。请通过你从网上搜索到的信息谈谈你对胖东来的商业文化的理解。

第1节　商业与道德的冲突

一、道德冲突

　　道德冲突是指在道德行为选择中因价值观和价值量的不同而发生的善恶矛盾和对立状态。道德冲突包括同一社会不同道德价值体系之间的对立冲突和同一道德价值体系内部不同价值之间的冲突两种形式，前者表现为善与恶、正与邪的冲突，后者则表现为大善与小善、高层次的义务与低层次的义务之间的冲突。当前社会的道德冲突的一个很重要的表现就是社会角色的道德冲突，其冲突形式主要有下列几种。

1. 不同社会角色对应的不同道德义务之间的冲突

个人在社会中扮演的具体角色，不仅定义了个人的一定社会地位，还向个人提出了承担某些义务的相应要求。但社会角色具有空间相对性，即因相对一定的社会关系而存在。个人在这种社会关系中是一种特定的社会角色，而在另一种社会关系中就是另一种社会角色，人们实际上同时在各种不同的社会关系中扮演着不同的社会角色，并且这些社会角色还存在相对性和变动性，使人们处在不断变化的、多种形式并存的道德义务之中。这些变动的、并存的道德义务之间难免存在矛盾，引起个人在道德选择中的冲突。比如一个商业从业人员可能既是业务管理员，又是单位工会负责人；在家里，既是丈夫或妻子，又是父亲或母亲，还是儿子或女儿，同时集几个角色于一身。

2. 由于个人角色改变而形成的新旧角色所承担的义务之间的冲突

在社会生活中，一个人通常会经常变换自己的角色，比如说下班回家，就要从职业角色变换为家庭成员角色。从事职业（或中心任务）的变化、职位的升迁、家庭成员的增减等，都会引发新旧角色的转换。在新旧角色转换的过程中，一个人改变了旧角色，扮演了新角色，如果新角色与旧角色有本质区别，新旧角色的冲突就会产生。比如从单身到为人父母的角色改变，从普通企业员工到知名企业员工的角色变化，等等，都有可能使人不适应。

3. 社会对同一角色的期待或要求不一致而引起角色扮演者内心的冲突

社会对同一角色的期待或要求不一致，或者角色扮演者对这种角色的理解不一致，往往会使角色扮演者的内心产生一种矛盾。角色扮演者内心的矛盾主要是角色定位与社会要求角色具有的人的特质之间的冲突。这些内心矛盾常常外化为人们的职业压力。职业压力指数是衡量这种内心矛盾大小的依据之一。

二、商业道德冲突

商业道德冲突又称商业价值冲突，是指商业从业人员在面临某种道德境遇时，往往会依据不同的道德原则或规范做出不同的选择。商业道德冲突主要表现为以下几种。

1. 义与利的冲突

首先，义与利的冲突是义与不义之利的冲突，表现为经济价值与道德价值的冲突：一方面，人们在心理上对唯利是图的言行表示反感；另一方面，在商业经济活动中，市场竞争又迫使人们不得不把追求和实现利益最大化作为最重要的目标，而这个目标的实现并不一定符合伦理要求。其次，义与利的冲突不仅表现为经济价值与道德价值的冲突，也直接表现为在商业活动中，一些人通过制造假冒伪劣商品、违法经营的手段牟取不正当利益，扭曲了商业道德中的效益准则。

义与利的冲突有两种比较典型的表现形式：一种是为了道义而丝毫不顾个人利益，如程朱理学强调的"存天理，灭人欲"；另一种是为了实现利益而丝毫不顾道义。当前，义与利的冲突主要偏向后一种，并主要表现为拜金主义。

2. 公与私的冲突

在社会主义市场经济发展过程中，一方面，个人利益和私人财产权利受到社会的尊重和法律的保护；另一方面，维护个人权益还需在合法合规的前提下进行。同时，随着社会经济体制的发展变迁，公与私的冲突会自然反映到商业道德中。

公与私冲突的后果：一是出现忽视国家和集体利益，损公肥私或者过分追求小集团利益的违法犯罪行为，如前几年国家严厉查处的"小金库"就是借"公"之名，化"大公"为"小公"的违法犯罪行为；二是商业活动中出现通过获取不正当回扣、行贿受贿以及以官商勾结形式来牟取私利等违法现象。

3. 公平竞争与等级秩序的冲突

在社会主义市场经济发展过程中，一方面，人们提倡公平竞争，优胜劣汰；另一方面，等级观念、官商勾结的现象依然存在。这是由于古代中国在发展小农经济的社会条件下，与自然经济秩序相适应的等级秩序在当前的商业道德观念中仍然有所表现。这种商业观念本能地排斥平等和公平竞争，中小商人尤其是小商人地位低下。在商业活动中，少数大商人欺行霸市、哄抬物价、以大欺小，严重破坏了市场秩序。

公平竞争与等级秩序的冲突主要表现在3个方面：一是少数大企业利用行政权力和等级秩序，以官商勾结的形式，与同行进行着不公平竞争；二是一些商业活动者以各种形式将自己的企业或机构挂靠于上级主管部门，想尽办法通过利用各种机会制造不平等条件或破坏平等竞争的制度来达到牟取不正当利益的目的；三是在商业活动中，以权谋私者干涉各种经济活动，参与利益分配。

三、树立正确的义利观

1. 义利问题是道德价值论的基本问题

义利观渗透在个体的一切活动中，并对人们的行为选择和价值取向起着重要的导向作用。在中国传统伦理文化中，义利问题占有极重要的地位，人们对义利关系的态度集中体现了中国传统道德的价值取向，成为构建道德规范的坐标和基石。

以孔孟为代表的儒家认为，义重于利，道德价值高于物质利益，人的精神需求比物质需求更重要。孔子把义看作立身行事的根本，指出如何处理义与利的关系，是区分"君子"与"小人"的价值标准。孟子认为，重义还是重利，是区分善人和恶人，甚至人与禽兽的根本标准。目前，我国正在进行社会主义现代化建设，发展社会主义市场经济，儒家的义利观包含的许多宝贵的积极思想值得我们继承和发扬光大。

2. 正确的义利观与个体道德修养

"君子爱财，取之有道。"人在现实生活中，总会遇到如何对待财富与道德、贡献和索取的问题，而怎样认识义和利，尤其是在两者不能兼得时会做出什么样的取舍，向来是判断人们道德水平的重要依据。就对人生的意义而言，"有义"比"有利"更可贵。在发展市场经济的新形势下，我们更应把追求物质利益同丰富精神生活结合起来，尊重自己的品格、价值和尊严。

个人利益服从集体利益。在我们的社会中，个人利益和集体利益没有根本的利害冲突，它们之间是和谐共存、相得益彰的关系，二者的这种统一性为实现义利统一提供了社会基础。集体主义就是要在社会主义条件下，使个体利益和集体利益能够实现辩证的、有机的统一，它既是个人利益与集体利益的结合，又要求个人利益服从集体利益。有些情况下，不计较个人的某些损失对个人来说好像是"吃了亏"，但这种"吃亏"有利于解决现实中的一些矛盾，有利于人际关系的和谐，有利于社会主义事业的发展，也有助于个人的思想道德境界的提高。

鸿星尔克的义举

2021年7月，面对河南遭受洪灾，鸿星尔克通过官方微博宣布捐赠价值5000万元的物资。本来这并不是特别大的新闻，因为捐赠单位很多，其中不乏李宁、特步、361°、安踏等国产品牌，但为什么只有鸿星尔克突然"爆红"了呢？应当讲，这是一次典型的网友与鸿星尔克的"双向奔赴"。

网友发现，许多国产品牌2020年的净利润均在几亿元至几十亿元，但鸿星尔克却亏损了2.2亿元；2021年一季度，鸿星尔克依然亏损6600万元。

"感觉你都要倒闭了，还捐了这么多！""怎么不宣传一下啊，我都替你着急。"刹那间，网友们纷纷心疼鸿星尔克。

不出意外，仅仅一天之后，#鸿星尔克的微博评论好心酸#冲上热搜，截至2021年7月23日15时，该话题的阅读次数已经达到7亿，讨论次数超过13.7万；而鸿星尔克官方微博捐款图文的转发量达22.9万，评论数达28.4万，点赞数高达958万。

网友纷纷涌入鸿星尔克的直播间，鸿星尔克在7月22日和23日两日的直播中，单场直播销售额先后达到2331.7万和5138.4万元，观看人次更是达到7570.5万。7月23日凌晨1点，鸿星尔克董事长吴荣照不得不赶到直播间，向网友致谢并呼吁网友理性消费。这种热度同样延伸至线下，鸿星尔克各地的门店也是人满为患，实实在在地演绎了鸿星尔克的"神话"。

出乎大众意料的是，网友们的各种"花式"评论更是成为热搜榜以及生活中的"梗"："自己野性捐款，竟然劝我理性消费""别说了，上链接，我直接买""把吊牌寄过来，我自己缝一件衣服""我2002年买的鞋子，今天被穿烂了""如果不让鸿星尔克的缝纫机冒烟，在座的各位都有责任"……

图：鸿星尔克线下门店

当然，那段时间发生的故事还有很多，网友发现鸿星尔克的官方微博居然没有开通会员，直接给鸿星尔克支付了累计长达119年的会员费。网友们为这个打不起广告、没钱请"流量"明星，甚至直播间连空调都没有的企业在面对特大暴雨灾害时的义举所感动。

思考：谈谈你对鸿星尔克管理层的义举的理解，并说明网友支持其品牌的动机。

第2节 商业道德选择与评价

一、商业道德选择

有道德冲突，必然也存在道德选择。道德选择是人类有目的活动的一定形式。某一个人在特定场合面临几种可供选择的行为方案时，依据某种道德标准在不同的价值准则或善恶之间进行自觉、自愿的选择，做出符合一定阶级或社会道德准则的决定，就是道德选择。

商业道德选择是一种特殊的社会选择，是人们在商业道德意识的支配下，根据某种商业道德标准，在不同价值准则或冲突的义务之间所做的自觉、自愿的抉择；是通过人的一系列心理活动而形成的一种价值取向，是人们为达到某一种商业道德标准而主动做出的取舍，是人们的内在价值观、商业道德品质、商业道德情操和行为活动的综合体现。

商业道德的选择，本质上是根据一定的规则在商业冲突中进行的一种道德取舍。这种道德取舍的正确与否首先在于是否遵循正确的道德选择原则。商业活动者必须信守一定的价值准则和商业道德标准，必须理解特定的商业行为与这些准则和标准的联系，必须有能力自主且自愿地做出选择。究竟选择哪一种特定的商业活动方案，取决于商业活动的特点，其涉及商业活动者的道德观、价值观以及将商业行为与道德联系起来的方式等。总之，商业道德选择是一种价值取向，是为达到某一商业道德目标而主动做出的取舍。商业道德选择的原则一般包括以下内容。

（1）商业道德义务高于一般公民义务。

（2）国家利益高于商业部门利益和商业从业人员个人利益。

（3）保守商业秘密高于诚实的规范。

（4）接待顾客的义务高于接待朋友的义务。

同时，商业道德选择的正确与否，还体现在商业道德手段选择的正确与否。在商业道德选择中，需要选择正当的商业手段去实现商业目的。正确的商业道德手段选择有助于尽快实现选择目的，强化人们进行商业道德选择的责任，扩大人的自由。商业效益、商业信誉的获得必须依靠诚实劳动、公平交易等道德方式和手段来实现。

二、商业道德选择的影响因素

商业道德选择同其他道德选择一样，都不是孤立存在的，受到各种因素的制约。影响商业道德选择的因素主要有以下几个。

1. 企业利益

企业是从事生产、流通、服务等经济活动，以生产或服务满足社会需要，实行自主经营、独立核算、依法设立的一种营利性的经济组织。企业的存在和商业活动离不开其对自身利益的追求，企业做出的商业决策和从事的商业活动受到自身利益的影响和制约。一个没有自身利益追求的企业就不能称为企业，但这并不意味着企业可以置服务对象的利益和社会整体利益而不顾，甚至为了追求自身利益而损害整个社会的利益。因此，在商业道德选择上，既要承认企业的利益，但又不能完全以企业利益为中心，而应以企业利益、他人利益和社会利益的和谐为着眼点。

2. 市场交易规则

企业从事的商业交易活动是在市场竞争中进行和实现的，市场交易规则必然不断影响商业道德选择。市场交易规则是指各市场主体在市场上进行商业交易活动所必须遵守的行为准则与规范。这些准则和规范主要体现在以下 3 个方面。

（1）公开交易原则。除涉及商业秘密外，一般商业交易活动都要在市场上公开进行，明码标价，禁止黑市交易。

（2）公平交易原则。企业销售的商品必须明码标价，一切交易都必须在自愿、等价、互惠的基础上进行，严禁欺行霸市、强买强卖、囤积居奇、哄抬物价等行为。

（3）合同自愿原则。现代市场经济的重要特征之一就是经济关系合同化。在市场交易活动中，交易双方必须签订并保证履行合同约定，违约必须赔偿经济损失。市场经济是契约经济，契约本身具有法律约束力，也需要法律确认与保障。

3. 市场法律法规

市场法律法规是国家根据市场交易规则，为维护市场公平竞争和正常交易秩序所规定的法律制度。由于市场法律法规具有强制性，因此，它在企业的商业道德选择中起着重要的制约作用。

4. 企业文化

企业文化是一个组织由其价值观、信念、仪式、符号、处事方式等组成的特有的文化形象。企业文化的内容广泛，主要包括企业经营哲学、价值观念、企业精神、企业道德、团体意识、企业形象、企业制度、企业使命等。具有不同价值观念和信念的企业，会做出不同的道德选择，产生不同的商业行为。例如海尔企业文化的核心价值观是创新，具体表现为以观念创新为先导，以战略创新为方向，以组织创新为保障，以技术创新为手段，以市场创新为目标。正是这种创新的价值观使海尔从无到有、从小到大、从大到强、从中国走向世界。伴随着企业的发展，海尔企业文化本身也在不断创新、发展。

三、商业道德评价

商业道德评价是指人们依据一定的道德原则、道德规范、准则体系，运用相应的方式方法，对商业活动参与主体的道德活动或行为进行善恶的判断。商业道德评价是商业道德活动的重要组成部分。从某种意义上说，商业道德评价是商业道德活动的核心部分，体现着商业道德活动的特点，指导着商业活动的道德方向。商业道德评价对于商业活动参与主体道德品质的形成、商业人际关系的协调、行业风气及社会风气的改善，都具有重要的理论和现实意义。

1. 商业道德评价的形式

（1）商业道德的自我评价

商业道德的自我评价是指商业活动参与主体对自身行为所做的一种善恶上的认识，是依据自身的价值取向，对自身行为所做的道德判断。它依赖于商业主体的内在约束力量，即主体的理性自觉、良心机制、积极主动性。

其主要特点是，行为当事人既是评价的客体，又是评价的主体。主体要评价的客体就是主体自身。自我评价的目的主要是正确地认识自己，了解自己的道德品质和道德行为，从而不断提高自己的道德品质。

（2）商业道德的社会评价

商业道德的社会评价是指社会对商业活动参与主体所做出的价值判断或道德判断。它依赖的是商业参与主体之外的客观约束力。商业道德社会评价的最主要方式就是社会舆论。商业道德规范之所以具有约束力，一个很重要的原因就在于有社会舆论这一强大的力量。在日常生活中，人们随时随地都会感受到社会舆论所具有的特殊权威性，这种权威性就在于它代表着广大群众的一种意志、感情和价值取向，并能给人以荣誉感和耻辱感，迫使人们在做出行为选择时不得不考虑社会舆论对自己的评价。加强商业道德的社会评价作用，特别是加强大众传播媒介的商业道德评价作用，对规范商业行为、纠正行业不正之风，以及改善社会风气、培养商业主体良好的道德品质、抵制不道德的商业行为，都具有十分重要的作用。

商业道德的自我评价和社会评价是统一的，二者需要互相补充、取长补短。商业道德的自我评价要受社会评价的制约；而商业道德的社会评价只有为该社会成员的自我评价所认同，才能发挥有效的作用。在我国社会主义市场经济转型时期，商业领域出现了一些伦理道德问题。为规范商业行为，一方面，商业活动参与主体必须自觉接受商业道德的社会评价，依据有关商业法规和道德要求从事商业活动；另一方面，在商业法规和道德还不断完善的阶段，商业活动参与主体还需要充分发挥自身的积极性、能动性、创造性，通过正确的商业道德的自我评价规范并完善自身的商业活动。

2. 商业道德评价的作用

商业道德评价是一种人人在商业道德活动中都能感觉到的巨大力量，是商业道德规范向从业者个体良心或信念转化的重要杠杆，是商业道德意识转化为商业道德行动的重要推动力量，其作用主要表现在以下 4 个方面。

（1）促进社会主义市场经济健康发展

商业道德评价有助于树立正面的商业道德规范和道德形象，贬斥不道德的思想和行为，启发个体的道德自觉。在市场经济条件下，商业道德评价可以帮助人们超越"经济人"的局限性，使人们在市场经济的大海中畅游而不致被浪涛吞没，顺利抵达彼岸；可以促进商业主体的自由、全面发展，同时促进市场经济的健康发展。

（2）引导商业主体做出正确的判断

商业道德评价的特点是借助人们的内心信念或社会舆论深入人们的内心世界，作用于人们的良知。进行商业道德评价，首要任务就在于判明主体行为的善恶属性，唤起主体的普遍道德良知和社会责任感。商业道德评价所肯定的行为会受到社会舆论和内心信念的赞许；而不道德的行为在商业道德评价的裁决下，会使行为者感受到来自舆论的压力和内心的不安、羞愧以及长期的痛苦。商业道德评价对负面现象否定的本质就是对正面道德的弘扬；同样，商业道德评价对高尚行为肯定的本质也是对负面价值的鞭挞。

（3）协调商业人际关系

商业道德评价是调节和完善商业人际关系的重要手段。正确的商业道德评价可以使人们认识到，哪些行为是被允许或认可的，哪些行为又是被禁止或否定的，从而不断按照商业道德要求调整自己的行为方式，使人际关系在良好的轨道上得以协调和完善，为社会经济的发展和人们生活水平的提高提供一个良好的商业环境。

（4）激励商业主体

商业道德评价通过作用于商业主体的内心世界，能够激发商业主体的道德责任心和道德荣誉感，唤起商业主体的强大道德动力。在良心机制的作用下，商业道德评价将促使商业主体发挥最大的道德主体能动性。

第3节　企业的商业道德与社会责任

在如今激烈的市场竞争中，企业的商业道德和社会责任这一问题已日益引起社会各界的关注，尤其在注重构建和谐社会的时代背景下，这一问题更有着极为重要的现实意义。

一、企业的商业道德

具体而言，企业的商业道德体现在 3 个层面。

（1）微观层面。例如企业中雇主与雇员、管理者与被管理者、同事与同事之间，企业与投资者、供应商、消费者之间在关系处理中的商业道德。

（2）中观层面。例如企业和企业之间、企业和社会其他组织之间在关系处理中的商业道德。

（3）宏观层面。这就是我们现在讲的企业社会责任，即企业对社会、对人类文明所应该承担的相应责任，例如保护社会环境、促进资源再生利用、支持社会可持续发展等。

顺应经济全球化的大趋势，企业领导者必须清醒地认识到，企业固然要顾及股东的利益，尽可能实现股东利益的最大化，但是，企业在获得社会资源进行生产的同时，也就承担了对社会各方面利益相关者的责任。是否充分考虑到社会各方面利益相关者的利益，已经日益成为评价企业绩效和企业商业道德的重要标尺。

二、企业的社会责任

当今世界，经济全球化的趋势日益加强，资本在经济社会中处于愈发明显的强势地位。面对这样的形势，企业社会责任问题日益引起人们的广泛关注，要求企业必须承担社会责任的呼声日益高涨。

企业恪守商业道德，履行必要的社会责任，这不仅是企业自身发展的需要，也是整个社会和谐和持续发展的需要。每一个有社会责任的企业家，都要清晰地认识到这一点。企业领导者应当牢记"君子爱财，取之有道"的古训，用实际行动为企业经营创造良好环境，为社会做出更大的贡献。

社会责任的履行在于理念与行为的统一。其实，每个企业都有一套位于基本的社会道德和法律框架之下的自己的价值观和原则，它们决定了什么行为可以被接受，什么行为不可以被接受。企业的文化规范和行为习惯反映了企业的价值观和原则，不同的价值观能对企业产生不同的影响。高绩效的企业在与价值观有关的各个方面，远远领先于低效率的企业。在运用价值体系进行运作并真正关注所有员工的高绩效企业中，没有哪一部分人被忽视，对所有人一视同仁是其最普遍的特征。

一个企业要做到"基业常青"，必须依靠一种核心价值观的指导，这种核心价值观是企业生存与发展的基本准则，比如"诚信经营、以人为本、尊重顾客"等。但光有核心价值观还不行，企业还必须把这样的核心价值观转化为自身的战略、组织、制度、流程、领导风格等，这样才能把有远见的理念和价值观以及商业道德标准转化为行为，实现理念与行为的统一，履行其真正的社会责任。

企业如果在理念和行动上真实地表达"自我"（企业对自身的定义），在没有"诡计和欺诈"的情况下妥善地经营，那么我们就认为它已经履行了它所承担的社会责任。

商业故事

宗庆后和娃哈哈

1987 年，宗庆后靠借来的 14 万元接手了连年亏损的杭州市上城区校办企业经销部，靠代销汽水、棒冰、文具赚钱起步。只要接到学校的电话，无论是刮风下雨还是烈日酷暑，42 岁的宗庆后都马上蹬上三轮车把产品送到学校去。

同年 7 月，宗庆后筹建了杭州保灵儿童营养食品厂（"娃哈哈"的前身）。1988 年，娃哈哈开发出第一款专供儿童饮用的营养品，"喝了娃哈哈，吃饭就是香"的广告传遍全国。1991 年，在杭州市政府的支持下，宗庆后以 8000 余万元兼并了拥有 2000 多名员工，并已资不抵债的全国罐头生产骨干企业之一的杭州罐头食品厂，组建成立了杭州娃哈哈集团公司。3 个月后，娃哈哈利用产品和市场优势，迅速盘活了罐头厂存量资产，实现扭亏为盈，在中国改革开放史上留下了重要一笔。

1996 年，宗庆后大胆转型，转战生产瓶装纯净水。后来，娃哈哈在宗庆后的带领下，逐渐成长为一个集生产纯净水、饮料、医药保健食品为一体的食品饮料龙头企业。娃哈哈官网信息显示，35 年来，娃哈哈销售额达到 8601 亿元，利税达到 1740 亿元，上缴税金 742 亿元。娃哈哈的 AD 钙奶、营养快线、八宝粥等产品也成了一代人的记忆。

有网友发文称，娃哈哈矿泉水都是用纸箱包装的。一个自称娃哈哈内部员工的人说，娃哈哈矿泉水全用纸箱包装的原因是宗老先生认为这样做可以让捡废品为生的人捡到纸箱，从而赚到更多的钱。这一事件感动了无数人。

据不完全统计，宗老先生默默主持资助了 54000 多名学生，为教育事业捐款多达 5 亿元。

思考：你还知道哪些关于娃哈哈在履行社会责任方面的事迹？谈谈这些事迹对企业发展的影响。

三、企业社会责任的体现

1. 企业对政府的责任

在现代社会，政府日益演变为社会的服务机构，扮演着为公民和各类社会组织服务和确保社会公正的角色。这种制度框架要求企业扮演好社会公民的角色，自觉按照有关法律、法规，合法经营、照章纳税，承担政府规定的其他责任和义务，并接受政府的监督和依法干预。

2. 企业对股东的责任

现代社会，股东队伍越来越庞大，遍及社会生活的各个领域，企业与股东的关系逐渐具有了企业与社会的关系的性质，企业对股东的责任也具有了社会性。一方面，企业应严格遵守有关法律的规定，对股东的资金安全和收益负责，力争给股东以丰厚的投资回报。另一方面，企业有责任向股东提供真实、可靠的经营和投资方面的信息，不得欺骗股东。

3. 企业对消费者的责任

企业与消费者是一对矛盾统一体。企业利润的最大化最终要借助于消费者的购买行为来实现。作为通过为消费者提供产品和服务来获取利润的组织，提供物美价廉、安全、舒适、耐用的产品和服务，满足消费者的物质和精神需求，是企业的天职，也是企业对消费者的社会责任。这种社会责任要求企业对提供的产品质量和服务质量承担责任，履行对消费者在产品质量和服务质量方面的承诺，不得欺诈消费者和牟取暴利，在产品质量和服务质量方面自觉接受政府和公众的监督。

4. 企业对员工的责任

企业对员工的责任属于内部利益相关者问题。企业必须考虑员工的地位、待遇和满足感。在全球化背景下，劳动者的权利问题得到了世界各国政府及各社会团体的普遍重视。

5. 企业对自然环境的责任

实践证明，工业文明在给人类社会带来前所未有的繁荣的同时，也对我们赖以生存的自然环境造成了破坏，所以企业应当承担起保护自然资源这一重任，进而实现自身与社会的协同发展。

6. 企业对社区的责任

企业是社会的组成部分，更是所在社区的组成部分，与所在社区建立和谐融洽的关系是企业的一项重要社会责任。企业对社区的责任就是回馈社区，比如为社区成员提供就业机会，为社区的公益事业提供帮助，向社区公开企业经营的有关信息，等等。

> **延伸阅读**
>
> #### 中国"首善"曹德旺
>
> 曹德旺，1946 年出生，福建福清人，1987 年成立福耀玻璃工业集团股份有限公司（目前是中国第一、世界第二大汽车玻璃制造商），福耀玻璃工业集团股份有限公司董事长、福州大学客座教授。

图：曹德旺

  曹德旺是不行贿的企业家，自称没"送过一盒月饼"，恪守人格；他从 1983 年第一次捐款至今，累计个人捐款已达 150 亿元，认为财施不过是"小善"。2009 年 5 月 30 日，曹德旺荣获有"企业界奥斯卡"之称的"安永全球企业家大奖"（安永企业家奖），是该奖项的首位华人获得者。他获得 2010 年度中国"首善"称号。对于"首善"称号，曹德旺表示自己捐款不是为了当"首善"，他对排名毫无兴趣，捐款是出于一种共享的心态，是为了与社会共享，只是做了应该做的事。

  他认为，"首善"也好，"中善"也罢，都是为了国家的进步和民族的兴旺，都在做同样一件事情。

  2010 年月 5 月，曹德旺通过中国乡村发展基金会向西南 5 省 10 万户贫困家庭捐赠善款 2 亿元。谈起这笔捐款，曹德旺动情地说："西南地区遭遇百年一遇的特大旱灾，老百姓的生活苦得很。我年轻的时候吃过很多苦，知道那种滋味。对于一些偏远山区的农民来说，2000 元可以说是他们的希望。"因为年轻时吃过苦，曹德旺对每一分钱都精打细算。在他看来，要确保捐出去的每一分钱都发到应该收到钱的人手中，而不是"雁过拔毛，层层拦截"。在捐款协议中，曹德旺的条件十分"苛刻"：中国乡村发展基金会应在半年内将 2 亿元善款发放给 10 万户贫困家庭，且差错率不超过 1%，中国乡村发展基金会违约将赔偿，管理费则不超过善款的 3%，而"行规"一般为 10%。为了保证善款发到每一个应该收到钱的人手中，曹德旺成立了专门的监督委员会，并请新闻媒体全程监督，要求中国乡村发展基金会每 10 天向他递交项目进展详细报告。这次捐款因此被称为"史上最苛刻捐款"。如此苛刻的条件，无疑是对当时捐款体制的一次挑战。这也开创了中国捐赠者对公益捐款问责的先河。

  思考：观看纪录片《世界工厂》，谈谈曹德旺是如何协调企业经营与人文道德的矛盾的。

第五章
商业活动中的角色

5

无论什么时候，商业活动都至少包含 4 个关键角色，一是买方，二是卖方，三是市场，四是媒介。其中买方和卖方都提供相应的价值进行交易。商业做大的本质就是让交易频繁发生，所以一切商业活动的目的都是促使交易发生和最大化。

学习目标

知识目标	掌握如何抓住顾客需求并提升顾客忠诚度，了解商人和商帮的特点，掌握公司制的发展历程，掌握货币的演变历史，了解商业市场发展的相关知识。
能力目标	能够运用商业文化的基本理论分析和解决商业实践中的问题，具备一定的商业文化素养和商业创新能力。
素养目标	激发学生对商业的兴趣，培养学生从商业视角解析问题的能力，以帮助学生在未来的职业生涯中取得成功。

案例导入

《钱本草》(唐·张悦)

钱，味甘，大热，有毒。

偏能驻颜，采泽流润，善疗饥，解困厄之患立验。

能利邦国，污贤达，畏清廉。

贪者服之，以均平为良；如不均平，则冷热相激，令人霍乱。

其药采无时，采之非礼则伤神。

此既流行，能召神灵，通鬼气。

如积而不散，则有水火盗贼之灾生；如散而不积，则有饥寒困厄之患至。

一积一散谓之道，不以为珍谓之德，取与合宜谓之义，无求非分谓之礼，博施济众谓之仁，出不失期谓之信，入不妨己谓之智。

以此七术精炼，方可久而服之，令人长寿。

若服之非理，则弱志伤神，切须忌之。

思考： 谈谈你对上述文章的观点的理解。

第1节 商业活动中的买方——顾客

一、顾客的类型与管理

顾客是商业活动的重要组成部分，通常是指购买和使用企业产品或服务的人。在市场营销中，顾客是企业的目标市场，是企业实现盈利和发展的关键因素之一。

1. 顾客的类型

根据交易达成的时间进行划分，顾客的类型主要包括以下几种。

（1）忠诚顾客：指那些对企业及其产品或服务高度忠诚和信任的顾客。他们通常会反复购买同一企业的产品或服务，并为企业带来稳定的收入和利润。

（2）新顾客：指第一次购买企业产品或服务的顾客。对于企业来说，吸引新顾客是非常重要的，因为新顾客能够为企业带来新的市场份额和业务机会。

（3）潜在顾客：指那些有可能对企业产品或服务产生兴趣并购买的顾客。这些顾客可能尚未了解企业的产品或服务，或者还没有完全确定是否要购买。企业需要不断地开发和引导潜在顾客，使其转化为实际的购买者。

2. 顾客管理的重要性

在当今竞争激烈的商业环境中，顾客管理已经成为企业成功的关键因素之一。顾客管理的重要性主要体现在以下几个方面。

（1）提高顾客满意度

顾客满意度是企业的重要指标之一，它直接影响到企业的市场份额和口碑。通过有效的顾客管理，企业可以更好地了解顾客的需求和期望，提供更符合顾客需求的产品或服务，从而提高顾客满意度。同时，有效的顾客管理还能够帮助企业及时发现和解决顾客的问题，进一步增强顾客的信任感和忠诚度。

（2）优化销售流程

顾客管理能够帮助企业了解销售过程中存在的问题和瓶颈，进而优化销售流程。通过对销售数据的分析和挖掘，企业可以发现销售环节中的不足之处，并采取相应的措施进行改进，从而提高销售效率和转化率。

（3）增强顾客忠诚度

顾客忠诚度是企业在长期竞争中保持市场地位的重要保障。通过有效的顾客管理，企业能够与顾客建立良好的关系，增强顾客的信任感和归属感，从而提高顾客的重复购买率和口碑宣传意愿。

（4）促进口碑宣传

口碑宣传是提升企业知名度和影响力的有效方式之一。通过有效的顾客管理，企业能够为顾客提供卓越的产品和服务，使顾客愿意向亲朋好友推荐其产品和服务，从而扩大市场份额，提升品牌知名度。

（5）实现顾客回访

顾客回访是企业与顾客保持长期联系的重要手段之一。通过有效的顾客管理，企业能够及时回访顾客，了解顾客的产品使用情况和反馈意见，及时发现和解决问题，进一步提高顾客的满意度和忠诚度。

（6）提高资源利用率

有效的顾客管理能够帮助企业更好地了解市场需求和趋势，合理配置资源，提高资源利用率。同时，通过数据分析和挖掘，企业可以发现潜在的市场机会和业务增长点，从而优化产品线和销售策略，实现更加精准的市场定位和营销推广。

（7）实现交叉销售

交叉销售是指企业向现有顾客销售多种相关产品或服务，从而实现销售额增长和市场拓展。通过有效的顾客管理，企业能够深入了解顾客的需求和偏好，发现潜在的销售机会，并向顾客推荐更加符合其需求的产品或服务，从而优化交叉销售的效果和提高自身的整体销售额。

（8）提升企业形象

良好的形象是企业的重要资产之一。通过有效的顾客管理，企业能够为顾客提供优质的产品或服务，增强顾客的信任感和忠诚度，进一步提升自身的形象和品牌价值。同时，通过积极的公关活动和社会责任实践，企业可以树立良好的社会形象，提高自身的社会认可度和声誉。

（9）增强市场竞争力

有效的顾客管理能够帮助企业更好地了解市场需求和竞争态势，发现并抓住市场机会，提高自身的市场占有率和竞争力。同时，通过不断创新和提高产品或服务的质量和差异化程度，企业可以建立独特的市场竞争优势，从而在激烈的市场竞争中脱颖而出。

商业故事

阿里铁军

阿里铁军，全称"中国供应商直销团队"，帮助阿里巴巴走出谷底，奠定阿里巴巴发展的基础，并且成为阿里巴巴的大当家，孵化出淘宝、支付宝、阿里云。可以说，没有阿里铁军，就没有阿里巴巴，也就不会有中国电子商务精彩的发展大戏。

阿里巴巴发展初期，有个非常重要的阶段——很多内部人士称之为"中供时期"，那时的主要营业收入来自"中国供应商"业务。

阿里铁军当年穿着廉价的 T 恤、坐着拖拉机一家一家地拜访客户，背着硬面的皮包——用来装合同和对付客户门前的狗；在地震的时候跑回客户的办公楼，只为把公章拿出来签合同；他们经常会陷入被偷走背包、被抢劫、被驱赶等境地。

在那个年代，人均月收入不到 800 元，99% 的中国人还不懂互联网，但是阿里铁军却创造了 50 亿元的销售奇迹。它的成功听起来近乎神话，背后却是阿里巴巴的战略布局与人才培养机制的成功。在艰难的销售岁月中，发扬团队精神、老人带新人、经验资源分享、对同事坦诚、对客户诚信，逐渐成为阿里铁军的文化传统。

1. "铁"的文化

阿里巴巴有句话叫"虚事实做，实事虚做"，以达到"虚实结合"。阿里铁军文化中的"土话"十分接地气，且自成体系。比如："简单的事情重复做，重复的事情用心做。""定目标，追过程，拿结果。"

所有"土话"都会结合特定的场景，这样的"土话"才会有"人味"。好的团队不只是强调执行力文化，还能给团队成员带来归属感、安全感和信任感，这不是利益捆绑能替代的。"一群有情有义的人，在一起做一件有意义、有价值的事"，对内靠阿里巴巴的价值观和愿景导引，对外则是靠直销的工作场景，靠客户与员工相互赋能、抱团成长。

2. "铁"的制度

狭路相逢勇者胜，军纪严明者胜。阿里铁军以超强的执行力闻名，是一支"指哪儿打哪儿"的队伍。

区域轮调制：阿里铁军强调提供给管理人员不同的工作应用场景，不断更换其工作地点。线下业务的特点就是没有标准化。在每个城市、每个区块，人、商业环境和业务的形态都有很多不一样的地方。不断调动，其实是在不断磨炼人的心智。因为被调动后，人会突然从一个熟悉的环境进入一个不熟悉的环境，那时候面对的挑战就会更多。

把价值观纳入考核：用制度保障价值观落地，用文化弥补制度的不足。在阿里铁军看来，在某个阶段，你在业务上可以不达标，但是如果你在价值观评估上没有达标，你可能需要离开；如果你在业务上没有达标，但在价值观评估上表现优秀，就可能获得机会进行调整。

高压线制度：阿里巴巴的高压线是阿里铁军日常管理的基础体制。一旦触碰了高压线就等于辞职、被劝退或开除，很难继续留在阿里铁军。曾经，一名即将晋升主管的销售人员因为考试时涉嫌作弊，即便有很强的业务能力、带队能力，结果还是被辞退了。

3. "铁"的目标

对于一家企业来说，业务目标永远是推动其发展的动力。制定业务目标后，企业还需要确定一系列跟踪目标达成情况所需要的管理动作。以"跟踪检查执行"为例，其又可细分为及时汇总、氛围营造、客户盘点、抓住节点、树标杆、情绪状态管理、随时复盘等一系列管理动作。

4. "铁"的管理

阿里巴巴一个连续 11 年获得销售冠军的员工曾说，阿里铁军的成功之道就在于创建了一套体系化的销售管理制度。企业只有在组织架构、人才培养、奖惩、企业文化和价值观等方面不断迭代、做到极致，才能批量培养优秀的销售人员和管理者。企业只有创建体系化的销售管理制度，才能实现组织目标，建立并保持与目标市场之间的有益交换和联系，通过计划、执行以及控制相关的销售活动达到销售目标。

思考： 销售队伍管理的核心内容是什么？作为团队管理者，应该如何执行销售管理制度？

二、顾客需求的洞察与满足

企业需要采取一系列的策略和方法洞察与满足顾客需求。

1. 深入了解顾客需求

企业需要通过市场调查、数据分析、顾客访谈等方式深入了解顾客的需求和期望，比如了解顾客的购买动机、使用场景、痛点问题等，以便更好地给他们提供符合需求的产品和服务。

2. 细分市场和目标顾客

在了解整体市场需求的基础上，企业需要对市场进行细分，并确定自己的目标顾客群体。通过对目标顾客群体的深入了解和分析，企业可以更好地满足他们的需求和期望。

3. 创新产品和服务

企业需要根据市场需求和顾客反馈，不断创新自己的产品和服务，提高产品和服务的质量和差异化程度。这可以通过引入新功能、优化设计、优化顾客体验等方式实现。

4. 建立顾客反馈机制

企业需要建立有效的顾客反馈机制，及时收集和处理顾客的意见和建议。这可以通过在线评价、调查问卷、社交媒体等方式实现。企业应积极倾听顾客的声音，了解他们的需求和期望，并及时采取改进措施。

5. 提供个性化和定制化的产品和服务

随着顾客需求的多样化，企业需要提供个性化和定制化的产品和服务来满足不同顾客的需求。这可以通过提供多种选择和配置等方式实现。

6. 持续改进和优化

企业不能满足于一次性的顾客需求洞察与满足，而是需要持续改进和优化自己的产品和服务。这需要企业建立一个有效的响应机制，及时发现和解决顾客问题，并不断改进和优化产品和服务。

7．培养员工的服务意识

员工是企业与顾客之间的桥梁，他们的服务意识和能力直接影响着顾客需求的洞察与满足。企业需要培养员工的服务意识，提高他们的服务技能和服务水平，使他们能够更好地为顾客提供优质的服务。

8．建立顾客关系管理系统

通过建立顾客关系管理系统，企业可以更好地管理顾客信息和与客户互动，深入了解顾客需求和行为，提高顾客满意度和忠诚度。顾客关系管理系统可以帮助企业实现个性化营销、销售管理、顾客服务等方面的优化。

总之，实现顾客需求的洞察与满足，需要企业在多个方面进行努力和创新。通过深入了解顾客需求、细分市场和目标顾客、创新产品和服务、建立顾客反馈机制、提供个性化和定制化的产品和服务、持续改进和优化、培养员工的服务意识和建立顾客关系管理系统等措施，企业可以更好地满足顾客需求，提高顾客满意度和忠诚度，进一步增强市场竞争力。

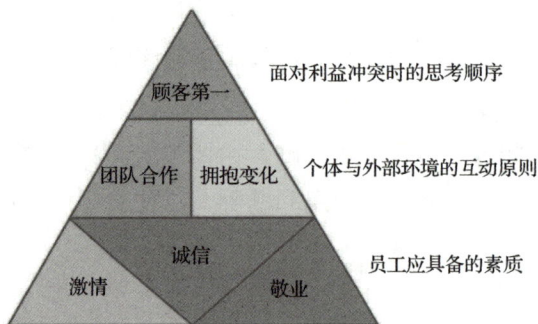

图：营销团队管理要素金字塔

三、顾客忠诚度的提升

培养与提升顾客忠诚度是企业在市场竞争中取得优势的关键。

1．提供卓越的产品和服务

提供卓越的产品和服务是提升顾客忠诚度的基石。企业需要确保提供的产品和服务符合甚至超越顾客的期望，不断优化和改进产品和服务，以满足顾客的需求和期望。

2．提供个性化和定制化的产品和服务

随着顾客需求的多样化，提供个性化和定制化的产品和服务是提高顾客忠诚度的有效方式。通过了解顾客的需求和偏好，企业可以为顾客提供个性化和定制化的产品和服务，增强顾客的满意度和忠诚度。

3．建立良好的顾客关系

与顾客建立良好的关系是提高顾客忠诚度的关键。企业需要积极与顾客互动，了解他们的需求和期望，为顾客提供及时、有效的支持和解决方案。同时，企业应建立有效的顾客关系管理系统，对顾客信息进行管理，以便更好地满足顾客的需求。

4. 建立会员制度和实施积分奖励计划

通过建立会员制度和实施积分奖励计划，企业可以增强顾客的忠诚度和参与度。会员可以享受特殊的优惠和福利，参与专属活动，增加与企业的互动，获得归属感。

5. 提供优质的售后服务和支持

提供优质的售后服务和支持是提高顾客忠诚度的重要因素。企业需要建立完善的售后服务体系，及时解决顾客的问题和困难，为顾客提供专业的技术支持和解决方案。同时，企业应保持与顾客的沟通，收集他们的反馈意见，不断改进和优化售后服务。

6. 创造品牌价值和形象

品牌价值和形象是影响顾客忠诚度的关键因素之一。企业需要塑造独特的品牌形象，通过打造品牌故事、树立品牌价值观、加强品牌传播等方式，提升品牌知名度和美誉度，从而提升顾客的忠诚度。

7. 持续改进和优化

企业不能满足于现有的顾客忠诚度水平，而是需要持续改进和优化自己的产品和服务。企业需要建立一个有效的响应机制，及时发现和解决顾客的问题，并不断改进和优化产品和服务。同时，通过数据分析和技术创新，企业可以更好地了解顾客的需求和行为，为顾客提供更加个性化的服务。

总之，提升顾客忠诚度需要企业在多个方面进行努力和创新。通过提供卓越的产品和服务、提供个性化和定制化的产品和服务、建立良好的顾客关系、建立会员制度和实施积分奖励计划、提供优质的售后服务和支持、创造品牌价值和形象、增强员工的服务意识和能力以及持续改进和优化等措施，企业可以更好地满足顾客需求，提升顾客满意度和忠诚度，进一步增强市场竞争力。

知识窗口

定位理论

从 20 世纪 60 年代末 70 年代初开始，美国的商业竞争越来越激烈，竞争的速度、深度和广度前所未有，传统的注重组织内部运营效率提升的各种管理理论、管理工具已经不能帮助企业取得成功，于是，关于如何应对竞争的定位理论应运而生。

定位不是你要对产品做的事，而是你要对预期顾客做的事。换句话说，你要在预期顾客的头脑里给产品定位，确保产品在预期顾客头脑里占据重要地位。

定位理论的核心原理"第一法则"，要求企业必须争取成为某领域的第一，以此引领经营，赢得更好的发展。

为了验证与发展定位，特劳特与他的合作伙伴艾·里斯花了 20 多年，运用四步工作法设置了定位理论的实施步骤。

第一步：分析外部环境

分析整个外部环境，确定"我们的竞争对手是谁，竞争对手的价值是什么"。（这与德鲁克在回答管理第一问"我们的业务是什么，应该是什么"时问的"我们的顾客是谁，顾客的价值是什么"相反，过多的选择、有限的心智，决定了经营方式已从顾客导向转变为竞争导向。)

第二步：确立品牌的优势位置——定位

避开竞争对手在顾客心智中的强势，或是利用其强势蕴含的弱点，确立品牌的优势位置。

第三步：寻求信任状

为这一定位寻求一个可靠的证明——信任状。

第四步：将定位植入顾客心智

将这一定位整合进企业内部运营的方方面面，特别是在对定位传播上要提供足够多的资源，以将这一定位植入顾客心智（详见特劳特"定位经典丛书"之《与众不同》）。

✸ **思考**

请列举你生活中出现的应用定位理论的品牌，并说明其定位的核心思想是什么。

第2节 商业活动中的卖方——商人

一、商人的定义和内涵

在人类社会的发展进程中，商业活动一直是不可或缺的一部分。商人通过商品的交换和服务的提供，促进了物资的流通和社会经济的发展。商业活动不仅满足了人们的物质需求，还带动了就业、创新和技术进步，为社会的繁荣和进步做出了重要贡献。商人作为社会经济活动中的重要角色，具有一些关键属性。

（1）商人最直接的定义就是商品交换者。他们通过购买、销售商品或服务，实现价值的交换和流动。在商品交换中，商人起到了桥梁的作用，连接了生产者和消费者，实现了资源的有效配置。

（2）商人的经营活动本质上是追求利润。他们通过提供市场所需的商品或服务，从中获取合理的利润。这种追求利润的动力是推动商业发展的重要动力，也是商人持续参与市场活动的原动力。

（3）商人作为市场经济的主体，积极参与市场竞争。他们根据市场需求、价格变动、供求关系等因素进行决策，通过市场交易实现自己的商业目标。商人的经营活动对市场的稳定和繁荣具有重要影响。

（4）商业经营是商人活动的重要组成部分。商人通过制定商业计划、组织生产、营销推广等手段，实现商品的生产和销售。

（5）商人需要具备一系列的商业技能，如市场分析、财务管理、营销推广等。这些技能能够帮助商人更好地理解市场需求、优化资源配置、降低成本、提高效率，从而在竞争中获得优势。

（6）商人在商业活动中常常面临各种风险，如市场风险、财务风险、法律风险等。作为风险承担者，商人需要具备风险识别和管理能力，采取相应的措施来降低风险，应对风险带来的影响。同时，商人也需要承担因自身行为不当或违法行为所带来的后果和责任。

综上所述，商人的定义和内涵涵盖了多个方面，包括商品交换、利润追求、市场参与、商业经营、商业技能和风险承担等。深入理解商人的定义和内涵，有助于更好地认识商业活动的本质和规律，促进商业的健康发展和社会经济的繁荣。

二、商人角色的历史演变

商人作为社会经济活动中的重要角色，经历了漫长的发展历程。

早期商人：在早期的社会中，商人开始出现，他们通过交换商品和服务来满足人们的需求。这些早期商人通常是手工艺人或小贩，他们用自己的劳动成果或收集的物品进行交换。随着贸易的扩大，一些商人开始专门从事商品交换，形成了早期的商人阶级。

中世纪商人：中世纪时期，商业活动逐渐兴起，商人也得到了进一步的发展。随着城市的发展和经济的繁荣，商人开始聚集在城市中，形成了商业行会和交易市场。这些中世纪商人通过长途贸易将各地的商品汇集到城市中，促进了地区间的经济交流和贸易往来。

近代商人：随着工业革命的到来，商业活动逐渐转型为大规模生产和销售。近代商人开始涉足金融、制造业等领域，形成了更为复杂的商业体系。他们通过大规模生产和销售，实现了经济的快速增长和社会的繁荣。同时，近代商人也开始关注商业伦理和社会责任，推动了商业活动的规范化和可持续发展。

现代商人：进入现代社会，商业活动日益全球化、多元化和数字化。现代商人在经营模式、市场开拓和创新方面不断创新和发展。他们通过运用先进的技术和管理方法，提高生产效率、降低成本、拓展销售渠道，实现商业价值的最大化。同时，现代商人也更加注重社会责任和可持续发展，推动商业活动与环境保护、社会公正的协调。

数字时代的商人：随着数字技术的迅猛发展，商人这一角色也在不断演变。数字时代的商人善于运用互联网、大数据、人工智能等技术手段进行商业分析和市场开拓。他们能够迅速捕捉市场动态、了解消费者需求、优化供应链管理，实现商业决策的精准化和智能化。同时，数字时代的商人也需要关注网络安全、数据保护等方面的问题，确保商业活动的合规性和安全性。

三、商人在社会中的角色与影响

商人在社会中的角色与影响是多方面的，具体体现在以下几个方面。

（1）从经济角度来看，商人是经济活动中不可或缺的角色。他们通过商品的生产、交换和销售，促进了资源的有效配置和合理利用。商人的经营活动满足了人们的物质需求，提供了就业机会，促进了技术的进步和创新，推动了社会经济的发展。同时，商人的经济活动也促进了不同地区之间的交流和合作，推动了全球化的进程。

（2）从文化角度来看，商人在文化传承和创新方面也发挥了重要作用。商人作为文化的传播者，通过商品交换将各地的文化融合在一起，促进了文化的交流和融合。商人的经营活动也促进了各种艺术、文学和哲学成果的涌现，丰富了人类的文化景观。同时，商人的文化活动也推动了地方特色文化的传承和发展，使得各种地方文化得以保留和发扬光大。

（3）从道德角度来看，商人在社会道德的传承和推广方面也起到了积极的作用。商人作为商业伦理的践行者，遵循诚实守信、公平交易等商业道德原则，树立了良好的形象。商人的道德行为对于社会风气的改善起到了积极的推动作用。同时，商人也积极参与公益事业和社会责任项目，为社会做出了积极的贡献。

（4）商人在社会中的角色与影响还体现在创新和领导力方面。商人作为创新者和领导者，不断探索新的商业模式、技术和品牌，引领着商业发展的潮流和趋势。他们的创新活动不仅推动了经济的增长和社会的进步，也激励了其他领域的人才不断追求创新和卓越。商人的领导力也在社会治理和公共事务方面发挥着重要作用，他们积极参与社会建设和发展规划的制定和实施，为社会稳定和发展做出了重要贡献。

综上所述，商人在社会中的角色与影响是多元化和综合性的。他们在经济、文化、道德、创新和领导力等方面都发挥着重要作用，对社会的繁荣和发展做出了积极的贡献。因此，我们应该充分认识和肯定商人在社会中的地位和价值，为他们的发展创造更加良好的环境和条件。同时，商人应当树立正确的商业价值观，具备社会责任感，推动商业活动的可持续发展和社会进步。

延伸阅读

中国九大商人（古代及近代）

1. 富甲陶朱——范蠡（前536年—前448年）

范蠡，春秋时期越国的政治家、军事家和经济学家，楚国宛（今河南南阳）人，公元前496年前后入越，辅助勾践20余年，在越国被吴国灭亡时，提出降吴复国的计策，并随同勾践一同到吴国为奴，千方百计帮助勾践回国，成为辅助勾践灭吴复国的第一谋臣，官拜上将军。

但当勾践复国之后，范蠡了解勾践是一个可以共患难但不能同安乐的人，于是他急流勇退，毅然弃官而去，堪称历史上弃政从商的鼻祖和个人致富的典范。《史记》载："累十九年三致金，财聚巨万。"但他仗义疏财，投身各种公益事业。他的行为使他获得"富而行其德"的美名，成为几千年来我国商业中的楷模。

2. 儒商鼻祖——端木赐（前520年—？）

端木赐，姓端木，名赐，字子贡，春秋末期卫国（今属河南省鹤壁市）人，是孔门七十二贤之一，也是"孔门十哲"之一。子贡虽出儒门，却懂经商之术。多年的经商活动使他积累了大量的财富，这为孔子与其门徒的周游列国活动提供了有力的经济保障，历史上多用"端木遗风"来表彰经商致富之人即源于此。孔子曾称其为"瑚琏之器"（古代宗庙中盛生黍的祭器，常用来比喻有立朝执政才能的人）。他利口巧辞，善于雄辩，办事通达，曾任鲁、卫两国之相，为孔子弟子中的首富。

3. 智慧商祖——白圭（前 370 年—前 300 年）

白圭，名丹，战国东周洛阳人，梁（魏）惠王时在魏国做官，后来到齐国、秦国为官。《汉书》中说他是经营贸易、发展生产的理论鼻祖，即"天下言治生者祖"。他是先秦时的商业经营思想家，同时也是著名的经济谋略家和理财家，其"人弃我取""知进知守"等经商理论对现代理财仍有指导意义。

4. 营国巨商——吕不韦（？—约前 235 年）

吕不韦，战国末年著名商人、政治家、思想家，卫国濮阳（今河南濮阳西南）人。史料记载，他"往来贩贱卖贵，家累千金"，但他一生中最得意的一笔大买卖却是结识秦流亡公子嬴异人并资助其回国即位，从而成功实现个人由商从政的历史性转变。他以"奇货可居"闻名于世，曾辅佐秦始皇登上帝位，任秦朝相国，并组织门客编写了著名的《吕氏春秋》，也是杂家思想的代表人物。

图：吕不韦

5. 富可敌国——沈万三（生卒年不详）

沈万三，元末明初江南巨富，以垦殖为根本，以分财为经商的资本，大胆通番。他可能算是历史上最早的国际贸易商人，曾帮助朱元璋修南京城，个人承包了三分之一的工程费用。只可惜其卷入蓝玉之案，又被流放云南，财产被没收。

6. 商业巨族——乔致庸（1818年—1907年）

中央电视台播出的电视连续剧《乔家大院》的主人公乔致庸是乔家第三代经商人，乔家商业从第一代乔贵发起家，到第三代由乔致庸大手笔经营，使乔家成为商业巨族，故乔致庸可谓乔家殷实家财的奠基人，人称"亮财主"。他经商既有雄才大略，又多谋善断，是位商场高手。乔家在包头开办的复盛公商号在他的策划下发展为庞大的复字号商业网络，基本上垄断了包头商业市场，故包头有"先有复字号，后有包头城"之说。光绪十年（1884年），他适应时代发展要求，创立了汇通天下的大德通、大德恒票号。在他的经营下，乔氏商业遍及全国各大商埠及水陆码头，业务繁荣，财多势旺，他也成为商场巨贾。

7. 红顶商人——胡雪岩（1823年—1885年）

胡光墉，清徽州绩溪人，幼名顺官，字雪岩，著名徽商，初在杭州设银号，后入浙江巡抚幕，为清军筹运饷械，1866年协助左宗棠创办福州船政局，在左宗棠调任陕甘总督后，主持上海采运局局务，为左宗堂借外债、筹军饷和订购军火，又依仗湘军权势，在各省设立阜康银号20余处，并经营中药、丝茶业务，操纵江浙商业，其资金在2000万两白银以上。

8. 一代钱王——王炽（1836年—1903年）

王炽，一代钱王，红顶商人。资本主义在西方兴起后，生活在闭关自守的封建王朝的他抓住全国商品经济萌动的态势，投巨资于刚兴起的银行票据汇兑行业，以昆明同庆丰钱庄为龙头，在当时全国22个行省中的15个行省及越南、马来西亚设立分行……被誉为"执全国商界牛耳"之云南金融业的开山鼻祖。晚清巨商王炽是中国历史上唯一一位"三代一品红顶商人"，晚清名臣李鸿章曾称其为"犹如清廷之国库也"。王炽的商德商道对后人都具有启迪和借鉴意义。

9. 五金大王——叶澄衷（1840年—1899年）

叶澄衷，宁波庄市人，是著名的宁波商团的先驱和领袖。他做生意很有天赋，头脑清醒，乐观时变，为人处世注重诚信，宽厚待人，被称为"首善之人"。在叶澄衷传奇性的创业历程中，宽厚的性格帮助他在穷途时得到难得的机缘，有人资助他在虹口开设了上海滩第一家由中国人独自经营的五金店——顺记洋杂货店。他据此发展出覆盖五金、机械、钢铁、军需器械和军服的庞大生意，开设了38个分支机构，赢得了"五金大王"的美称。他投资金融业，在上海、杭州、镇海、芜湖、湖州等地开设票号、钱庄，在鼎盛时竟达108家。宁波商帮中一直流传着这样一句话："做人当如叶澄衷。"

思考： 总结一下上面这些大商人的共同特征是什么。

第3节　商业活动的纽带——商帮

一、商帮的起源与形成

商帮作为一种经济现象，起源于中国古代的商品经济活动。随着商业活动的兴起，地域性的商人组织逐渐形成，这就是商帮的雏形。这些商人组织以地域为纽带，共同开拓市场，保护自身利益，形成了独特的商业文化。

二、商帮的特点与作用

商帮作为中国历史上的一种经济现象，具有显著的地域性、行业性和血缘性，这些特点共同构成了商帮独特的商业文化。

地域性是商帮最明显的特点之一。商帮通常以地域为基础，同一地区的商人因为共同的文化背景和社会关系更容易形成合作关系。他们共同开拓市场，保护自身利益，形成了地域性的商业网络。

行业性是商帮的另一个重要特点。商帮中的商人通常专注于某一行业，他们对该行业的了解和经验使得他们在市场竞争中具有优势。同时，同一行业的商人也更容易形成共同的价值观念和商业规范，这对商帮的稳定和发展至关重要。

血缘性是商帮的第三个特点。商帮中的商人往往具有血缘关系，这种家族式的纽带有助于增强商帮的凝聚力。家族成员之间的信任和合作使得商帮在商业活动中更具竞争力，同时也有助于维护商帮内部的稳定。

商帮在中国经济发展中起到了重要的作用。首先，商帮促进了商品流通，带动了地区经济的发展。他们通过贸易活动将各地的商品和文化融合在一起，促进了地区间的经济合作和文化交流。其次，商帮是推动中国现代化的重要力量。他们引进新技术、新思想，推动了中国经济的现代化。商帮在引进外资、促进国际贸易等方面也发挥了重要作用。最后，商帮的发展也促进了中国社会的变迁。商帮中的商人通过经商积累了财富，同时也培养了商业道德和商业文明，这些都对中国的社会进步产生了积极影响。

总体来说，商帮的特点和作用是相辅相成的。地域性、行业性和血缘性等特点共同构成了商帮独特的商业文化，这种文化又促进了商帮在经济发展和社会进步方面发挥重要作用。

延伸阅读

京杭大运河与漕帮

605 年，隋炀帝"命尚书右丞皇甫议发河南、淮北诸郡民，前后百余万，开通济渠"。通济渠起于洛阳城，西引穀水（即涧水）、洛水入黄河；又从板渚（今河南荥阳）将黄河水引至浚仪（今河南开封），再顺汴水经商丘，折向东南，接通蕲水，经皖北至淮阴入淮水。这一工程沟通了洛水、黄河和淮河。同年，隋炀帝又征发淮南民众开邗沟。608年，他"诏发河北诸军百余万穿永济渠，引沁水南达于河，北通涿郡"。611 年，隋炀帝

"敕穿江南河，自京口至余杭，八百余里"。这段工程的告竣，标志着全长4000多里的京杭大运河的贯通，它成为中国南北交通的大动脉。

京杭大运河贯通南北，沿线交通便利的地方，往往能聚集相当数量的人口和物资，于是，一系列"运河城市"应运而生。隋唐时期的汴州、扬州、苏州，明清时期的济宁、淮安、镇江等，都是水陆交通的枢纽，皆因河而兴。从宋代画家张择端的《清明上河图》，我们便可见当时城市经济的繁荣。

明清时期，中央设置了专门的漕运总督府，总督为正二品，由皇帝钦点，足见王朝对漕运的重视。

明永乐年间，政府建立了职业性的"漕军"负责漕运，但由于待遇很差，在货物运输过程中又时常会出现翻船、漕米受潮等情况，军户就算安稳地把货物运到目的地，也说不定会被拉去当替罪羊，因此大量逃亡。政府不得不雇用无业游民充当船工、水手。明代中后期，船工、水手中已有一半是由政府雇用的。至康熙中期，一艘漕船上额定的10名水手中，除1名负责人有军籍外，剩下9名都是"临时工"。舵工、水手、纤夫等聚集在一起，人数众多，构成了在大运河上讨生活的一个特殊群体——漕帮。

漕帮因漕运而生，地位却一直很尴尬：说是"工会"，没啥名分；说是黑帮，做的却是正当差事。漕帮因此一直处于灰色地带，直到雍正初年才为世人所知。

雍正皇帝重视农业，广设粮仓，登基没多久便派钦差大臣田文镜放出皇榜，招揽能人志士兴办漕运。当时杭州的3个拜把子兄弟——翁岩、钱坚和潘清揭了皇榜，向田文镜叙述整顿漕运的办法。田文镜一听，觉得他们有点能耐，便向雍正皇帝汇报。他们还提出，要统一粮务，就得开帮授徒。雍正皇帝认可了他们的提议，此后他们被奉为漕帮"三祖"。

漕船上从负责押运的小武官到水手、纤夫，原本人可欺凌。漕帮壮大后，人多、船多、势力范围广、声势大，一旦漕帮不动，各省的粮食、军饷马上就会不继，所以，各地官府甚至朝廷都不敢轻看漕帮，漕帮盛极一时。

图：京杭大运河

微课：京杭大运河

自然，有漕运才有漕帮。晚清道光年间，一方面"运河淤阻"，一方面"江淮烽燧"，英国不满清廷禁烟，把战火从东南沿海一路烧到了江南，上海、镇江失守，京杭大运河被拦腰截断。这对清廷来说，无疑是被切了大动脉，清廷只能与英国签订《南京条约》。

　　不久后，洪秀全又带着太平军反抗清廷，南京、扬州、苏州战火纷飞，京杭大运河更是不能正常运转。再后来，洋务运动开始，清廷有了现代轮船，北方运粮皆走海路。1901年，漕运完全停止，延续千年的京杭大运河暂时退出历史舞台。

　　但漕帮延续了下来，成为青帮。帮众们弃水登陆，前往上海和京杭大运河沿线城市发展。只是这些帮众除能在京杭大运河上讨生活外没有一技之长，大多数人逞勇斗狠，成为地方一霸。清末民初，上海滩那些煊赫无比的大亨，如黄金荣、杜月笙、张啸林都是青帮中人。

　　历史上，京杭大运河曾为中华民族的繁荣做出巨大贡献，而中国大运河申遗成功，又让历经千年浮沉的京杭大运河有了新的开始。

　　思考： 近代京杭大运河逐步衰落的原因是什么？

三、商帮的变迁与发展

　　随着中国经济的发展和全球化进程的加快，商帮也在发生变化。一方面，一些传统的商帮正在转型，寻求新的发展模式；另一方面，新的商帮也在不断涌现，如电商领域的阿里巴巴等。商帮的发展趋势和影响主要体现在以下几个方面。

1. 全球化与国际化

　　随着全球化进程的加速，商帮逐渐走向国际化，参与国际市场竞争。他们通过跨国经营、跨境电商等方式，将业务拓展到全球范围，推动了中国与世界的经济交流和合作。

2. 创新与科技应用

　　商帮在发展过程中不断探索创新，积极应用科技手段提升商业效率和竞争力。例如，电商利用互联网和移动支付等技术实现了线上线下的融合，为消费者提供了更好的购物体验。

3. 多元化与跨界发展

　　商帮不再局限于某一行业或领域，而是寻求多元化与跨界发展。他们通过整合资源、拓展业务范围，不断创新商业模式，以满足消费者日益多样化的需求。

4. 社会责任与可持续发展

　　随着社会发展和环境问题的凸显，越来越多的商帮开始关注社会责任和可持续发展。他们积极参与公益事业，推动绿色经济发展，为社会可持续发展贡献力量。

5. 文化传承与品牌建设

　　商帮在发展过程中注重文化传承与品牌建设。他们将传统文化元素与现代商业理念相结合，打造具有独特魅力的品牌形象，提升品牌价值和市场竞争力。

　　商帮不仅推动了中国经济的发展，也在全球化进程中扮演着重要角色。同时，商帮的创新和探索也对商业文化和商业模式产生了深远的影响，为未来的商业发展提供了新的思路和方向。

商业知识

中国古代商帮

　　中国古代商帮中，徽商和晋商规模最大、实力最为雄厚，纵横商界多年，最后却在清末民国时期被宁波商帮取而代之。

　　1. 徽商

　　中国商帮中，首屈一指的应该是徽商，其代表人物为胡雪岩。

　　明中期至清中叶，徽商称雄华夏商界三百余载，处于发展的黄金时代。当时，黄山白岳间十室九商，巨商显宦迭出，自然美景、人文景观、商业经济交相辉映，徽商盛极一时。清末社会动荡、朝廷政策变更、资本主义兴起，然而徽商出于自身原因未能及时实施经营转型，没有搭乘中国近代资本主义发展的航船，无可挽回地从巅峰摔到谷底，顿陷窘境。徽商"贾而好儒"，其商业经营受儒家思想的影响，这表现在徽商注重以诚待人、以信接物、以义为利。徽商的"贾而好儒"又促使自身直接依赖封建政治势力，与封建宗族势力结合，把"贾为厚利，儒为名高"作为"亢吾宗""大吾门"的手段。徽商在经商成功后让子弟习儒就学，捐资广建书院等，对当时经济、社会、文化的发展做出了重要贡献。"以义取利，利以义制；以诚待人，以信接物；依靠宗族，垄断经营"，这是徽商发家致富的秘诀。

　　2. 晋商

　　明洪武（1368—1398年）初年，朝廷为了保证北部边防粮食供应而实施纳粮中盐的开中法，晋商凭借地理之便迅速崛起。明代晋商主要活动在黄河流域、各大盐场及四川地区。随着清代国家的统一、版图的拓展，晋商的活动范围进一步扩大，甚至远至我国西藏。晋商还垄断了对恰克图的贸易，并从事我国东南、两湖至西北地区的长途贩运贸易。

微课：晋商

　　晋商除经营盐业外，还经营茶、粮、棉、布、丝绸及高利贷等。晋商的典当业及高利贷很有名，被称为"西债"。明清商人积累了巨额财富，据说明代徽商的资产达到百万两白银，晋商之富超过徽商，清代山西不但"百十万家资者，不一而足"，资产达到千万两白银的也不乏其人。道光年间，晋商创造出经营汇兑业的票号，汇通天下，显赫一时。由于晚清金融倒账风波不断、票号顽固守旧，票号最终走向衰败。

　　"自强不息，勤俭持家；讲求诚意，守信不欺；寻求靠山，背靠大树；强化本领，相得益彰"，这是晋商发展壮大的秘诀。

图：晋商

3. 潮商

潮商是潮州商帮与广东商帮的共同称号，崛起于明代后期。潮商的辉煌时期为近、现代。在近代，由于外国经济势力的侵入以及中国缓慢地迈出近现代步伐，晋商、徽商等因为固守传统而日渐式微，而潮商却伴随着近代海外移民的高潮而崛起于潮汕地区。在这期间，潮商虽然一度沉寂，但经过战后若干年的奋斗，又终于在20世纪六七十年代崛起于东南亚。

4. 龙游商帮

龙游商帮是指以浙江衢州府龙游县为中心的衢商集团，它萌发于南宋，兴盛于明代中叶，以经营珠宝业、贩书业、纸张业著名。明万历年间，它与徽商、晋商以及江右商帮在商场中角逐，称雄一时。它以一府一县之地为基础，聚集了大量资金，成为中国十大商帮之一，至清代逐渐为宁绍商帮所替代。龙游处浙、闽、皖、赣四省交界的浙西山区，当地商人不甘蛰伏，水陆兼营，长期负贩天涯，遂有"遍地龙游"之称。龙游商帮深谙居安思危的道理，尽量疏散风险，只因五口通商等近代交通与经济等客观条件变化的冲击，为其他商帮所取代。明清时期，龙游商帮活跃于商坛，它之所以能在与实力雄厚的徽商、晋商等的竞争中独树一帜，在珠宝业、垦殖业、造纸业和印书业中立于不败之地，除了有开拓进取、不怕艰苦的精神和善于经营管理之外，还与它具有较高的文化素养和诚实守信的职业道德有着密切的关联。

5. 宁波商帮

徽商、晋商之后，宁波商帮开始沿海而上，在上海、南京等口岸城市扎根，成为继二者之后"最具战斗力"的地缘性商人群体。和其他商帮不同，宁波商帮更乐意经营与日常生活密切相关的营生，外向型地缘结构促使他们的经营方向为由外至内——他们善于不断接纳、应用外来先进科学文化技术发展壮大自己。

6. 山东商帮

山东商帮主要分布在山东省内的青岛、威海、烟台、济南等地，既有北方人的务实，也有南方人的精明。其特点是受国营模式影响较大，企业与政府的荣损过于紧密地联系在一起。

山东商帮是山东人，自然具有山东人的特点：质朴单纯，豪爽诚实。正因为如此，与别的商帮相比，山东商帮的致富之道显得单纯、直截了当，概括起来就是长途贩卖和坐地经商的商业经营方式，讲求信用的商业道德以及规范的商业行为。同时，山东商帮中主要是大官僚、大地主兼大商人，因此大部分是封建性的商人，这也决定了山东商帮所走的道路及商业资本的流向是"以末致富，以本守之"。虽然山东商帮的致富之道相对其他商帮来说实在是没有什么高明的地方，但他们的这些经验和经营方式非常实在。

7. 福建商帮

福建商帮的兴起，一开始就与封建政府的官方朝贡贸易和禁海政策针锋相对。他们通常进行商业贸易，不能贸易时就进行抢劫，具有商人和海盗的双重性格。内外勾结的贸易方式是福建商帮最常见的经商方式，他们广泛联络沿海居民，建立了许多据点，利用据点收购出海货物，囤积国外走私商品，以利销售，他们不仅在海上营商，其中有许多也是"陆地商""水陆两栖"，既做海上贸易，也做陆地贸易。明清时期，福建商帮把国内与国外的贸易紧密地结合起来，努力经营，进行多种形式的贸易，从而形成了中国封建社会晚期一个很有影响的地方商帮。随着封建社会的消亡，福建商帮在海外各地开辟出新的商业场地。福建商帮中的许多商人正是以自由商人的身份大无畏地开拓海外市场，使福建商帮的商业精神得到延续。

8. 洞庭商帮

洞庭商帮可谓独领风骚。当时，商帮都是以数省或一省为单元划分，也有以一府或数县为单元组成的，而洞庭商帮却偏偏标新立异，竟然是由东山和西山两个乡的人组合而成的。东山人和西山人的从商活动有着他们各自不同的特色。东山人大多数都走进了运河沿线，而西山人却赶着他们的马车或驾着他们的商船踏进了荆楚之地和洞庭湖畔，他们一代一代地穿梭在长江沿岸，游走于沅水河畔，飘荡于洞庭渔乡，他们商船上的布匹、桐油、棉花、大米无不散发着楚地的商业气息。明嘉靖年间（1522—1566年）和万历年间，他们在长沙建立了"金庭会馆"，所谓"金庭"，就是金色洞庭之意，其时的确正是洞庭湖的鼎盛时期。直到太平天国为建都南京在江南冲杀奔突搅乱了洞庭商帮的故土，他们才开始把目光投向上海，并向上海群体迁徙。上海开埠之后，近代地域商帮的活跃对上海商业经济的发展起到了助推的作用。洞庭商帮是明清时期一个重要的地缘经济集团，进入上海之后，其乡域面积之小是无法与其在近代上海所产生的经济影响之大相提并论的。

9. 江右商帮

江右商帮指的是江西商帮，因江西地处江右，故有此号。江右商帮兴于北宋，时江西人口达 446 万，占全国总人口的 1/10，居全国首位；而江西地窄人稠，故民多弃农经商，明人谢肇淛称："天下推纤啬者，必推新安与江右。"足见江西商帮在明代仍占据着重要的商业地位，其可与徽商相提并论。江西地处长江中下游以南，属亚热带季风气候，其地盛产茶叶、粮食、苎麻、木竹，它们均为江右商帮对外输出经营的主要产品。据统计，在江右商帮最兴盛时，江西每年外输粮食达 500 万石、茶叶 500 万斤、夏布 230 万匹、售纸 50 万令，杉木、蓝靛的输出量均居全国之首。宋末元初，景德镇瓷业迅猛发展。青花瓷烧造的成功使江西在全国瓷业输出中独占鳌头。而进贤毛笔、烟花，广昌白莲，南丰蜜橘，樟树药材，临川西瓜、灯芯草，铅山造纸，宜黄夏布等特产均驰名海内外，并为江右商帮带来巨额利润。

思考：谈谈古代商帮出现的原因及必然衰落的理由。

第4节　商业活动的载体——公司

一、公司的定义与性质

公司是指依法设立的、以营利为目的的企业法人。公司通过提供产品或服务，实现营利目标，同时为社会创造价值。

公司作为经济社会中的主体，具有以下性质。

（1）经济性：公司是经济活动的主体，通过市场交易和经营活动实现利润最大化。

（2）法人性：公司作为独立的法人实体，具有独立的财产权和民事权利能力。

（3）组织性：公司是有组织的企业团体，具有一定的组织架构和管理层级。

（4）营利性：公司的根本目的是营利，这是公司生存和发展的基础。

二、公司的地位与作用

在经济社会中，公司扮演着至关重要的角色，其地位与作用主要体现在以下几个方面。

（1）公司是社会经济增长的重要推动者之一。通过开展生产和经营活动，公司为市场提供产品和服务，推动经济的增长。特别是那些规模较大、竞争力较强的公司，它们在技术创新、市场拓展等方面不断投入，为整个行业经济的增长做出了贡献。同时，公司的成长和发展还能够带动相关产业的发展，进一步推动社会经济的整体增长。

（2）随着公司规模的不断扩大和业务范围的拓展，公司对劳动力的需求也不断增加。它们通过直接雇用或间接创造就业机会的方式，为社会提供了大量的就业岗位。这些就业岗位涵盖了不同的领域，为许多人提供了谋生的机会。尤其是在经济发展遇到瓶颈时或经济衰退时期，公司的稳定发展能够吸纳大量的社会劳动力，缓解就业压力。

（3）公司的经济活动不仅创造了物质财富，还推动了社会的进步。一方面，公司通过技术创新和研发，推动了科学技术的进步，提高了生产效率和生活水平。另一方面，公司在履行社会责任、参与公益事业等方面也能够发挥积极作用。例如，一些公司通过捐赠、支持教育等方式回馈社会，推动社会的发展和进步。

（4）随着全球化的加深，国际贸易成为推动全球经济发展的重要力量。跨国公司的兴起使得国际贸易更加活跃。这些公司通过跨国经营和国际贸易，实现资源优化配置、降低成本、提高竞争力，同时也促进了国家之间的经济合作和交流。在国际贸易中，公司扮演着重要的角色，是推动全球经济发展的重要力量之一。

综上所述，公司作为经济社会中的主体，在推动经济增长、创造就业机会、促进社会进步和国际贸易等方面发挥着重要作用。正是公司的存在和发展使得经济社会不断发展和进步。因此，我们需要重视公司的地位和作用，为其创造良好的发展环境，进一步推动经济的繁荣和发展。

三、公司制的发展历程

1. 初创期：家族企业与合伙制

在工业革命之前，大多数企业都是以家族为单位进行经营的。这些家族企业通常规模较小，经营方式较为传统，以手工业和制造业为主。随着工业革命的兴起，家族企业逐渐发展成为具有一定规模和组织架构的企业，合伙制开始出现。

合伙制是一种简单易行的组织形式，通常由多个合伙人共同出资、共同经营、共担风险。这种组织形式适合小型和中型企业，但它也存在一些缺陷，如所有权和经营权分离不够彻底、管理不够规范等。

2. 发展期：有限责任公司与股份公司的兴起

随着经济的不断发展和企业规模的扩大，传统的家族企业和合伙制已经不能满足企业的需求。于是，有限责任公司和股份公司开始兴起。

有限责任公司是一种相对简单的组织形式，由多个股东共同出资成立，这类公司以其全部资产对公司债务承担责任。这种组织形式的优点在于股东承担的风险较小，但它同时也存在所有权和经营权分离不够彻底的问题。

股份公司则是一种更为复杂的组织形式，由多个股东共同出资成立，这类公司通过发行股票的方式筹集资金。股份公司的所有权和经营权分离更加彻底，管理更加规范，适合大型企业。

3. 成熟期：跨国公司与多元化经营的崛起

随着全球化的不断深入和市场竞争的加剧，跨国公司和多元化经营逐渐成为企业发展的新趋势。

跨国公司是指在一个以上国家拥有生产、销售或服务设施的企业。跨国公司的发展使得企业能够在全球范围内优化资源配置、降低成本、提高竞争力。同时，跨国公司也促进了国际贸易的发展和国际合作的加强。

多元化经营是指企业在多个领域进行经营和拓展，以降低经营风险、实现资源共享、提高盈利能力。多元化经营可以提高企业的市场占有率和竞争力，但同时也需要企业具备更强的管理能力和资源整合能力。

4. 转型期：全球化与知识经济下的企业变革

随着全球化进程的不断加速和知识经济的兴起，企业正面临着前所未有的挑战和机遇。在这个转型期，企业需要不断创新、适应变化，这样才能在激烈的市场竞争中立于不败之地。

四、公司制的主要内容

作为经济社会的基本组织，公司相对于传统的商业形态，具备一系列创新制度内容，这使其与其他经济实体相区分，成为现代经济活动不可或缺的组成部分。下面将详细探讨公司制的主要内容，包括法人资格、有限责任、股份转让便利、公司治理结构、持续经营和财务透明度。

1. 法人资格

公司作为法人实体，拥有独立的法律地位。这意味着公司具有自己的权利和义务，能够以自己的名义进行民事活动并承担法律责任。公司的法人资格保护了公司的合法权益，使得公司能够在经济活动中自主决策，追求自身的发展目标。

2. 有限责任

有限责任是公司的一个重要特征，它限制了股东对公司债务的责任范围。股东只需承担其认购或持有的股份所对应的债务责任，而无须承担公司的全部债务。这种制度设计降低了股东的投资风险，鼓励了投资者进行更多的投资活动，同时也为公司提供了稳定发展的保障。

3. 股份转让便利

公司的股份可以相对容易地转让给其他投资者。通过股份转让，股东可以自由地买卖公司的股票，从而实现投资组合的调整或退出投资。这种便利的股份转让机制提升了资本市场的流动性，为投资者提供了更多的选择。

4. 公司治理结构

公司具有清晰的治理结构，旨在平衡股东、董事会和管理层之间的权利和利益。公司治理结构包括股东大会、董事会、监事会等机构，这些机构各自拥有不同的职责和权力，共同确保公司的正常运营和健康发展。良好的公司治理结构有助于提高公司的透明度和问责性，增强投资者的信心。

5. 持续经营

公司旨在持续经营，而非为了实现单一的项目或交易而设立的。公司通过制定长期战略、进行持续的投资和经营活动，以实现长期获得盈利和发展。尽管公司可能会面临各种挑战和风险，但其经营目标通常是创造长期的经济价值和做出更多的社会贡献。

6. 财务透明度

公司有义务确保其财务状况的透明度，以便向股东和其他利益相关者提供准确的财务信息。公司需要按照会计准则编制财务报表，包括资产负债表、利润表和现金流量表等。此外，公司还需接受审计和会计师事务所的独立验证，以确保其财务报表的真实性和准确性。财务透明度有助于提高公司的信誉度和投资者的信心，为公司的长期发展奠定基础。

综上所述，公司制的主要内容包括法人资格、有限责任、股份转让便利、公司治理结构、持续经营和财务透明度等。这些内容共同构成了公司的独特性质，为公司的发展奠定了坚实的基石。了解这些内容对于理解公司的运作方式、评估公司的价值和预测公司的未来发展具有重要意义。

五、公司制的发展趋势

随着全球经济和科技的不断发展，公司制的发展趋势也正在发生深刻的变化。

1. 数字化转型

数字化转型已经成为公司发展的必然趋势。随着互联网、大数据、人工智能等技术的快速发展，越来越多的公司正积极拥抱数字化，以实现更高效的生产、管理和服务。数字化转型不仅能够帮助公司提高效率、降低成本，还能够使公司为消费者提供更加个性化、便捷的产品和服务。未来，数字化转型将成为公司创新发展的重要驱动力。

2. 可持续发展

随着环境和社会问题的日益突出，可持续发展已经成为全球共识。越来越多的公司开始关注可持续发展，致力于实现经济、环境和社会三大支柱的平衡发展。未来，公司将更加注重环保和社会责任，积极采取可持续的生产方式，以满足消费者对可持续发展的需求。

3. 全球化与跨国经营

全球化仍然是公司发展的重要趋势。随着国际贸易的发展和投资壁垒的逐步消除，越来越多的公司将开展跨国经营，以实现资源共享、降低成本、拓展市场等目标。未来，全球化将更加深入，跨国公司将面临更多的机遇和挑战，需要不断提高自身的国际竞争力。

4. 创新驱动

创新是公司发展的永恒主题。未来，公司将更加注重创新，不断推出新产品、新服务和新模式，以满足消费者的个性化需求。创新将成为公司核心竞争力的关键要素，也是公司实现可持续发展的重要保障。

5. 智能化升级

随着人工智能、物联网等技术的不断发展，智能化升级已成为公司未来的重要趋势。智能化升级能够提高生产效率、降低能耗、提高产品质量和竞争力。未来，公司将更加注重智能化技术的研发和应用，以实现生产、管理和服务的智能化升级。

6. 企业社会责任

随着社会对企业社会责任的要求越来越高，未来公司将更加注重履行社会责任，积极参与公益事业和环保活动。企业社会责任将成为公司品牌形象和声誉的重要组成部分，也是公司吸引和留住人才的重要手段。未来，公司将更加注重与利益相关方的沟通和合作，共同推动可持续发展和社会进步。

一人有限责任公司

一人有限责任公司，是指公司的出资全部属于单一股东的公司。《公司法》允许自然人或法人单独出资设立一人有限责任公司，而国有独资公司也可视为一人有限责任公司的一种特殊形式。

就经济角度观察，一人有限责任公司确实有其存在价值，理由如下。

（1）一人有限责任公司可使唯一投资者最大限度地利用有限责任原则规避经营风险，实现经济效益最大化。

（2）一人有限责任公司多为中小型公司，对于公司经营管理不仅较为简易，而且可以降低经营成本。

（3）大规模公司借由转投资成立一人有限责任公司后，可借此分散经营风险。

（4）在家族企业设立一人有限责任公司后若原有股东死亡，其继承人可以继承公司并继续经营，不致因股东死亡公司立即解散，这样可产生企业维持效益，对国家整体经济发展与维持具有正面意义。

（5）一人有限责任公司有利于高科技、高风险的新兴行业的发展。进入高科技、高风险的新兴行业的公司能否在竞争中取胜，主要依赖于高新技术的先进程度和投资机会的把握程度，而非资本的多寡及规模的大小，或者依赖于高素质的人。一人有限责任公司具有资合性弱化但人合性凸显的特点，正是中、小规模投资者可采取的最佳组织形式。

当然，一人有限责任公司也有着诸多弊端。

1. 欠缺对债权人等相关群体利益的保护

在当今社会，市场经济十分活跃。一人有限责任公司的全部股份或出资为一人股东所有，一人有限责任公司因为股东的单一无法建立起股东会和监事会对一人股东形成制约和监督。虽然在市场经济条件下，风险是不可避免的，但是在一人有限责任公司存在的情况下，其对于交易相对人不利，这使得交易风险更大，进而影响经济贸易的发展和社会的经济秩序。特别是在一人有限责任公司里，公司的财产和一人股东的财产很容易混同。公司财产被用于个人支出却没有相应记录，或者没有保持完整的记录，往往消失于股东个人的"保险柜"中等，会导致财产的混同。这样往往会损害债权人等相关群体的利益。

2. 为股东滥用公司的法律人格制造了机会

一人有限责任公司最大的缺点就在于为一人股东实际上控制公司提供了便利。一人有限责任公司没有内部机构的制约和监督，毫无牵制的一人股东很可能利用公司的法律人格做出从事欺诈非法交易、隐匿财产以逃避债务等各种行为，为自己牟取非法利益。

3. 助长自我交易

自我交易包括直接的自我交易和间接的自我交易。在一人有限责任公司内部，由于缺乏监督，一人股东可以方便地向公司低价转让商品，高价购买商品和服务，与公司以外的第三人进行各种使公司利益受到损害的交易并从中获取利益，等等。一人股东进行的各种自我交易损害了公司利益，这样会使得公司债权人利益受损。

4. 危害债权人利益

由于一人股东完全控制了公司，其成为公司的董事后，可以随意制定财务方案，以公司的名义为自己支付大量的报酬，从而造成危害债权人利益的后果。

5. 逃避税赋

部分一人有限责任公司会给国家利益带来损害。特别是在一人有限责任公司拖欠国家税收数目较大时，一人股东很可能借破产来避税，这样就会给国家带来很大的损失。

6. 对于侵权责任的规避

在一人有限责任公司中，特别是当一人股东为牟取暴利生产假冒伪劣商品严重侵害消费者权利或管理不当，致使损害公司员工或其他人的健康，甚至危及生命，造成重大伤亡等情形时，由于一人股东仅承担有限责任，而公司的财产相比巨额赔偿就很有限了，这将使遭受人身伤亡和财产损失的受害人常常因为公司资产过少而得不到充分的补偿。

7. 为投资者转移财产、逃避债务提供庇护场所

一人有限责任公司的股东一旦出资，该部分财产就在法律上脱离了股东，但事实上又为其所操纵，形成所谓的公司财产。投资者在法无明文禁止时就很可能同时设立多个一人有限责任公司，而其中只有一个在真正地运营。当该公司面临债务危机时，其他虚设的一人有限责任公司则成功地为投资者逃避债务、转移公司资产提供了便利。

思考： 联系一人有限责任公司的利与弊，谈谈你对"公司的本质是为了降低内部交易和管理成本"这句话的理解。

第5节　商业活动的媒介——货币

货币是商品交换的产物。在原始社会末期，最早出现的货币是实物货币。一般来说，游牧民族以牲畜、兽皮类来实现货币职能，而农业民族以五谷、布帛、农具、陶器、海贝、珠玉等充当最早的实物货币。中国是世界上最早使用铸币的国家。在距今 3000 年的殷商晚期墓葬中出土了不少"无文铜贝"，其为已发现的最原始的金属货币。至西周晚期，除贝币外，当时还流通一些无一定形状的散铜块、铜锭等金属称量货币。

一、货币的演变

1. 我国货币的起源

我国最早的货币是起源于商代的贝币。贝壳充当货币，有以下优点：①有光泽和花纹，当时是名贵的装饰品；②有天然的单位，便于计数；③坚固耐用，不易磨损；④便于携带。

随着商品交换范围的扩大，贝币的流通数量日益增加。由于天然贝来源有限，不敷应用，于是便出现了仿制贝。最初的仿制贝是石贝、骨贝、陶贝，后来仿制贝便发展到用铜来制造，这就是铜贝。铜贝的产生使古代货币进入了一个新时期。

图：贝币

2. 铜铸币的发展

铜铸币的发展及广泛流通是早期货币发展中的重大转折。早期流通的铜铸币主要有4种——布币、刀币、环钱和蚁鼻钱。布币由农耕工具演变而来，主要流通于中原地区的农耕地带。布币的基本形状如铲，它在此基础上变化多端，按具体形状又分若干种。它的演变大体可分为3个阶段，即原始布、空首布和平首布。

3. 秦始皇统一货币

公元前221年，秦始皇统一中国，接着实行了一系列巩固中央集权的措施，统一货币就是其中之一。他规定全国使用统一的货币，统一的货币分黄金和铜钱两种：黄金为上币，以镒为单位；铜钱为下币，按枚使用，币面铸有"半两"二字，表明每枚的重量是半两，史称半两钱。同时，他禁止将其他财物作为货币流通。

秦始皇统一货币的意义如下。

（1）货币的统一是巩固中央集权、促进封建国家统一的重要措施。

（2）货币的统一有利于各地物资的流通和贸易的发展，能够促进经济的繁荣。

（3）秦始皇对货币的规定是中国货币史上第一项货币立法，半两钱对以后历代钱币的形式有深远影响。

（4）半两钱以重量为名称，又是中国量名钱的开端。

4. 汉武帝改革币制

汉初的币制多有变化，铜钱由民间自铸，十分混乱。

汉武帝元狩五年（公元前118年），政府铸造五铢钱，每枚重5铢，钱面铸"五铢"二字，周边有轮廓。汉武帝元鼎四年（公元前113年），汉武帝对币制进行整顿，采取两条措施：一是统一铸币权，五铢钱由中央政府的上林苑三官负责铸造，禁止各郡国铸钱，此前郡国所铸之钱一律销毁，并将铜材运交上林苑三官；二是全国统一使用上林苑三官铸造的五铢钱，非此钱不许使用。

图：五铢钱

5. 宋代的币制与纸币的产生和发展

（1）宋代币制的特点

第一，宋代的货币以钱为主，即以通宝钱为主。通宝钱十分复杂，种类繁多，每隔几年就有一种新钱种面世。除通宝钱外，还有铁钱，二者并行。

第二，货币流通具有区域性，有的地方专用铜钱，有的地方专用铁钱，有的地方二者兼用。这些货币在一个地区流通，不得出境。

第三，货币流通混乱。铜铁钱各分大小，铜铁钱之间、大小钱之间作价不一，致使货币流通无序。

（2）纸币的产生和发展

纸币产生和发展的原因主要是经济方面的。

第一，宋代商业发达，要求有大量轻便的货币，铜铁钱都因区域限制而不敷应用，且笨重、不便携带，极大地阻碍了地区间商品交易的发展。

第二，造纸业和印刷业的发展为纸币的产生提供了物质基础和技术保障。

第三，宋王朝为防北方辽、夏、金人的威胁和侵略，被迫养重兵以为备，军费开支庞大，财政非常困难，其依靠发行纸币以弥补开支，这也促进了纸币的进一步发展。

大约在宋真宗年间（998—1022年），成都的16家商号制作出一种纸券，名曰"交子"，代替铁钱流通，这就是最初的纸币。交子因是私人发行的，所以史家称其为"私交子"。发行交子的富商被称为"交子铺"或"交子户"。

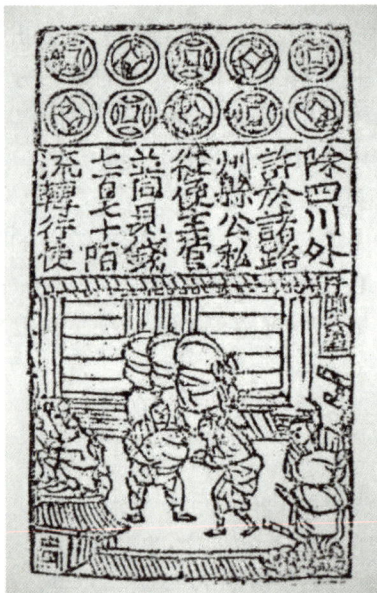

图：交子

由于信用度较低，交子在流通中不能兑现，引起诉讼。宋仁宗天圣元年（1023年），政府禁止私人发行交子，并在四川设置益州交子务负责交子的发行事宜，次年开始发行交子。这是政府发行的交子，史称"官交子"。官交子的发行以3年为一界，界满政府收回旧交子，发行新交子，每界确定最高发行限额，用铁钱作为发行准备金。到了南宋，交子由户部掌管发行。

（3）银会子

南宋初年还发行过一种代替白银流通的银会子，其以钱为单位，面额分为一钱和半钱两种，每年换发一次，这是中国历史上最早的银本位制纸币，但只限于一些地区使用，没有在全国流通。

6. 白银货币地位的确立

白银在宋代已具有货币的各项职能，到了明中叶以后，随着商品经济的发展，白银的流通范围更加广泛。1436年，政府解除银禁，实为在法律上准许用银，白银的流通便公开化，且更普遍，朝野上下都使用白银，白银取得了价值尺度和流通手段两种基本职能，成了正式通货。到了明嘉靖年间（1522—1566年），政府又规定了白银同钱的比价，还规定大数用银，小数用钱，白银遂取得法定通货的地位。

清代承袭明代的币制，仍用白银和铜钱，但以白银为主，也是大数用银，小数用钱，白银成为一种主要货币。白银的单位仍然是两，清代习惯上将银和两合用，称银两，银两就成为清代白银的单位。银两在使用过程中慢慢发生变化，分成实银两和虚银两。实银两是交易时收到的现银，虚银两则是记账的单位。

7. 清代纸币的发行

清代发行的纸币品种复杂，有官钞和私钞之分，官钞由官府金融机构发行，私钞由民间金融机构发行。纸币又可分为铜钱票（可兑换方孔铜钱）、铜元票（可兑换铜元）、银两票（可兑换白银）、银元票（可兑换银元）4种。发行纸币开始有库银准备金、钞本来凭证。

图：北洋天津银号纸币

8. 人民币的发展史

1948年12月1日，中国人民银行成立，并发行了统一的货币——人民币。1949年1月18日，中国人民银行在天津首次正式公布人民币汇率。

1999年10月1日，中国人民银行陆续发行第五套人民币，其共有1角、5角、1元、5元、10元、20元、50元、100元8种面额，其中1角、5角、1元有纸币、硬币2种。第五套人民币根据市场流通需要，增加了20元面额，取消了2元面额，使面额结构更加合理。

二、通胀与通缩

通胀和通缩是两个相对的经济现象。

通胀，是指货币的发行量超过货币流通中所需要的数量，从而引起纸币贬值、物价上涨的经济现象。这通常意味着社会总需求大于社会总供给，即供远小于求。它的最直接的表现是纸币贬值，物价上涨，购买力降低。适度的通胀可以刺激消费，扩大内需，推动经济发展。

而通缩指在经济相对萎缩的时期，物价总水平较长时间内持续下降、货币不断升值的经济现象。这表示社会总需求持续小于社会总供给。通缩往往伴随着生产力下降，市场萎缩，企业利润率降低，生产投资减少，失业人数增加，收入下降，经济增长乏力等现象。其成因主要是社会总需求小于社会总供给，长期的产业结构不合理，形成买方市场及出口困难。

商业知识

钱庄与银行

1. 古代钱庄

有人的地方，就会有经济现象；有经济现象，就会有商品买卖，就必然会涉及货币的流通。中国古代社会并没有人民币这样容易携带的纸币，虽然也有纸质的银票，但是很多地方的货币仍然是以银两、铜钱等名目繁多的金属货币为主。对于做生意的古代商人而言，走南闯北是家常便饭。做生意需要使用大量的货币。然而，银两、铜钱等货币由于是金属制作的，质量太重、体积太大了，所以不但很难大量随身携带，而且大量携带也不是很安全。无形之中，古代商人与古代货币便形成了一种难以调和的矛盾。

在这样的情况下，为了解决这种矛盾，钱庄便应运而生了。作为古代的金融信用机构，钱庄集存款、放款、汇兑等业务于一身，很好地解决了令商人们头疼的钱款难以携带的难题。古代的钱庄虽然属于金融信用机构，但是我们切不可误以为它等同于现代银行。

以下3点注定了古代钱庄只是有点类似现代银行，但几乎不能等同于现代银行。

第一点是，钱庄的业务主要是为做生意的商人准备的，老百姓则很少与钱庄有什么接触。

第二点是，商人们在钱庄存钱后，不但没有利息拿，还要定期向钱庄支付一定的保管费。

第三点是，现代银行通常是国有企业，而古代钱庄则是私人开的，与官方无关，也就是说，钱庄是私营企业。

上述3点足以说明，古代钱庄与现代银行的性质有着巨大的差别。出于各种原因，钱庄的经营也有一定的局限性。所以，当银行在中国出现后，由于钱庄本身存在的缺陷，其很快就被经营方式更为合理的银行取代，消失在历史长河中了。

图：钱庄

2. 中央银行与商业银行

（1）中央银行与商业银行的关系

中央银行垄断了本国货币的发行，专门负责制定和执行本国的货币政策，防范和化解金融风险，维护本国金融稳定。中央银行发行了货币，货币要转化为信贷，靠谁来完成这个任务呢？靠商业银行。商业银行对经济的作用，就是通过吸收储户的存款，向企业和个人发放贷款，进行信用生成。

打个形象的比方，企业和个人就像是庄稼，庄稼需要水、阳光才能茁壮成长。类似的，企业的生产投资、个人的消费经营都需要资金，资金类似于引入庄稼地里的水。

中央银行像是水库的管理员，它掌握着资金龙头的开关。它的货币政策宽松一些，市场上流动的资金就多一些；货币政策偏紧一些，市场上流动的资金就少一些。

市场上成千上万家的商业银行就像是庄稼地里纵横交错的水渠，它们是水的搬运工，负责将中央银行创造的资金输送到需要融资的企业和个人手上。

（2）中央银行如何调节信贷规模

中央银行主要通过以下两个手段调节资金的"量"和"价"，从而达到调节信贷规模的目标。第一，调节存款准备金率，即调节市场上流通的货币量——"量"。第二，调节基准利率，即调节市场上流动资金的价格——"价"。

第6节 商业活动的场所——市场

市场是指买卖商品的场所，即把货物的买主和卖主组织在一起进行交易的地方。尽管各方可以通过易货交换货物和服务，但大多数市场依赖卖方提供货物和服务（包括劳力）来换取买方的钱。市场促进贸易并促成社会中的资源分配。市场允许任何可交易项目进行评估和定价。

市场或多或少自发地出现，或者可以通过人际互动刻意地构建，以便交换有关商品和服务的权利（比如所有权）。此外，市场的地理边界可能差异很大，例如单一建筑中的食品市场，当地城市的房地产市场，整个国家的消费市场，或同一规则适用的国际贸易集团的经济网络。市场也可以是全球性的，例如全球钻石贸易市场。

作为商品交换场所的市场是对一定历史阶段社会经济生活的综合反映。研究市场的发展过程，剖析不同历史阶段市场的特点和作用，无疑对认识社会生活面貌有重要意义，对正确理解和发展社会主义市场也不无裨益。

一、古代商业市场的发展

战国时期，地主制逐渐取代了领主制，新的生产关系促进了生产力的发展。城乡间手工业品和农副产品的交换，仍在市内进行。那时的市，交易的时间主要在上午，过午则渐散，至夕而罢。《韩非子·外储说左上》记载了郑人买履的故事：郑人入市时忘记带鞋码，回家取码再入市买鞋时，市门已紧闭。这虽然是一个寓言，但说明当时交易时间有限。

1. 交易市场

不同时期和地区，交易市场的类型和特征也有所不同。以下是古代交易市场的类型和特征。

（1）集市。集市是古代最常见的市场形式，通常位于村庄、城镇或特定地点。商人们会聚集在这里，出售商品，如农产品、手工艺品、牲畜等，而买家则从这些商人处购买所需物品。集市为商品流通提供了重要的平台，也是人们进行社交和信息交流的场所。

（2）墟市。墟市与集市类似，但规模通常更大。墟市中通常会有更多的商人和买家，商品种类也更加丰富。墟市中除了有商品交易，还会有各种娱乐活动、表演和比赛，可吸引更多的人前来。

（3）坊市。坊市是一种固定的市场，通常由政府或商家组织。坊市的规模一般比集市和墟市大，商品种类也更丰富。在坊市上，商人可以租用摊位，展示和销售自己的商品。买家可以在这些摊位上购买各种商品，如食品、衣物、家具等。坊市的出现促进了商品经济的发展，也加强了地区间的商业交流。

此外，涉及古代交易还不得不提及以下两个概念。

（1）行商。行商是指在不同地区间进行长途贩运的商人。这些商人通常有自己的商队或船只，负责将商品从一个地区运到另一个地区进行销售。行商的出现促进了商品的跨地区流通，丰富了各地的商品种类。

（2）市舶司。市舶司是一种政府机构，负责管理海上贸易和对外贸易。在宋代，市舶司作为海上贸易的重要管理机构，促进了海上丝绸之路的发展，也为国家带来了大量的税收。

图：泉州市舶司遗址出土文物

总体来说，古代交易市场的特征如下。

（1）多种市场形式并存，各有不同的规模和功能。

（2）商品种类丰富多样，既有日常生活所需品，也有奢侈品和特殊商品。

（3）商人的地位逐渐提高，商业活动也更加活跃。

（4）市场监管和管理逐渐加强，出现了专门的市场管理人员和政府机构。

古代交易市场在商品流通、经济发展和文化交流等方面发挥了重要作用。随着社会和经济的发展，市场的类型和特征也不断演变，现代市场的雏形逐渐形成。

2. 官办市场

在漫长的封建社会中，历代统治者为了满足政治、军事和经济方面的需要，或满足其生活需求，常临时组织一些买卖活动。各个历史时期都出现过不同类型的官办市场。

（1）军市。战国时期，诸侯会盟征伐时常设临时性的军市。边将为收市租以充军饷，便招商人货卖。"李牧为赵将居边，军市之租皆自用飨士，赏赐决于外。"（《史记·张释之列传》）为了整肃军纪，不许女子出现在军市上，不许私自贩卖粮食，不许轻浮之人在军市上闲逛。三国时，东吴潘璋领兵不过数千，但驻地常有万人，战事一停，他便开军市，连其他部队所缺物品也靠他供应。

（2）关市。关市是西汉景帝时与匈奴在边境上因互市而开设的市场。历代封建政府设在交通要道以征收商税的市场也叫关市。

（3）马市。马市是封建政府以金帛或茶、盐同少数民族换马的互市市场。唐玄宗时允许突厥在西受降城（今内蒙古左杭锦后旗乌加河北岸）用马匹换金帛，此为马市之始。宋与西夏、吐蕃"茶马互市"。明代在开原、广宁（今辽宁北票镇）设辽东马市。

（4）宫市。宫市是封建统治者在宫廷内开设的市场，始于东汉，为帝王后妃行乐而设。唐德宗时，宦官主持采办宫廷用品，也称宫市。白居易的《卖炭翁》即为讽刺此事而作。

（5）驿市。驿市是唐代的典客署，兼管在蕃客住宿的四方馆进行互市的事务。日本的遣唐使也可能和典客署进行交易，《东夷传》载有日本遣唐执节使粟田真人回国时大量购买书籍的事。北宋东京（今河南开封市）也设过驿市，西夏"使至京，就驿贸卖"。明代在接待外宾的馆驿内也有市。"凡会同馆内外四邻军民人等，代替夷人收买违禁货物者，问罪，枷号一个月，发边卫充军。"清代严禁在驿市内将武器等违禁物品卖给外国人。

（6）榷场。榷场是辽、宋、金、元时在边境设立的互市市场。除官营贸易外，商人须纳税并领得官府证明文件后，方能在榷场中进行交易。榷场贸易管理制度很严，对交易的地点、货物品种、交换方式都有限制，且兴废无常。

3. 古代商业城镇的布局和发展特点

在古代，商业城镇是开展商业活动的重要场所。随着商业的发展，古代商业城镇逐渐形成了以下布局和发展特点。

（1）商业区与居住区分离。在古代商业城镇中，商业区和居住区通常是分开的。商业区集中了商铺、市集和仓库等商业场所，而居住区则主要是居民住宅。这种布局有助于提高商业区的商业活动效率和居民区的居住质量。

（2）交通枢纽地位重要。商业城镇通常是交通枢纽，连接着不同地区。古代商业城镇通常位于水陆交通要冲，如河流、湖泊、海岸线等，这样可以方便商品的运输和流通。同时，古代商业城镇也是不同交通道路的交会点，如陆路、水路等。

图：《清明上河图》（局部）

（3）商铺和市集的发展。在古代商业城镇中，商铺和市集是开展商业活动的主要场所。商铺通常是小型的零售商店，提供各种商品和服务。市集则是商品交易的场所，商人们在这里展示和销售自己的商品，买家则在这里采购所需的商品。随着商业的发展，市集逐渐演变为集市或墟市。

（4）专业化生产与交易。在古代商业城镇中，一些地区或行业逐渐形成了专业化的生产和交易中心。例如，有的地区专门生产某一类商品，如纺织品、陶瓷器、金属制品等，形成了具有地区特色的产业集群。同时，一些地区也逐渐发展成为某一类商品的交易中心，吸引了各地的商人和买家前来交易。

（5）政府管理与监管。古代商业城镇的发展受到政府的直接或间接管理。政府通过设立商行、税局等机构对商业活动进行管理和征税。同时，政府还制定了一系列商法和贸易政策，规范商业行为和维护市场秩序。

总体来说，古代商业城镇的布局和发展特点是基于经济和社会的需要而形成的。随着商业活动的不断发展和演变，商业城镇也逐渐扩大了规模和影响力，成为地区的经济中心和文化交汇点。

二、近代商业市场的发展

近代中国商业市场的发展特征主要表现在以下几个方面。

1. 市场网络的扩展

近代中国商业市场网络的扩展脉络可以追溯到19世纪中叶。随着西方列强的入侵和对外贸易的逐渐开放，中国商业市场开始被纳入全球化的贸易体系中。

（1）口岸开放与租界设立。自1842年中英签订《南京条约》后，上海、广州、天津等城市相继开埠，成为对外贸易的重要口岸。这些口岸城市逐渐发展成为商业中心，吸引了大量国内外商人和资本聚集。

（2）铁路与公路的建设。20世纪初，中国开始大规模建设铁路和公路，这为商业市场的扩展提供了重要的交通条件。铁路和公路网络的逐渐完善，使得商品能够更加便捷地运输到内陆地区，促进了区域经济的发展。

2. 商业城市的崛起

近代商业城市的崛起是一个复杂的社会经济现象，涉及多种因素的作用。

（1）城市化的动力。近代中国城市化的最初动力可以追溯到西方的殖民统治和工业革命的影响。近代以来，西方列强的入侵使中国的一些沿海城市成为商业港口，这给城市发展带来了新的机遇和挑战。工业革命的浪潮也带动了城市化进程，大量的劳动力从农村涌向城市，推动了城市的快速扩张。

（2）城市规划的影响。近代中国的城市规划在西方技术和经验引导下逐渐兴起。以上海为例，20世纪初，上海开始实施国际化的城市规划，形成以外滩为核心的城市中心区域。

（3）城市建设的目的。近代中国的城市建设取得了巨大的成就。例如，在清末民初，北京的城市规划具备了现代化城市的基本特征。同时，一些大型铁路、公路和港口等基础设施的修建也推动了中国商业城市崛起的进程。

（4）社会经济变革的推动。近代中国的城市崛起也是社会经济变革的产物。近代以来，随着社会经济的发展，农村人口大量向城市流动，推动了中国城市经济的发展和城市化的进程。

3. 商业组织的多样化

近代中国的商业组织开始呈现多样化的趋势。

（1）传统商业组织的发展。在近代以前，中国的商业组织主要以个体商贩和小商铺为主。这些个体商贩通过走街串巷、摆摊设点等方式进行商品销售。随着商业市场的扩大，一些个体商贩逐渐聚集在一起形成了小商铺，进而发展形成了商业街或市场。

（2）现代商业组织的出现。随着近代化的进程，一些现代商业组织开始在中国出现。例如，洋行、百货公司等开始在中国出现，它们采用了现代化的经营方式和管理模式，提供了更加丰富的商品和服务，吸引了更多的消费者。

（3）商会、行会的兴起。在近代中国，商会、行会等商业组织开始兴起。这些组织是商人自发组成的团体，旨在维护商业利益、协调商业矛盾、推动商业发展。商会、行会的兴起为商业交流和合作提供了平台，促进了商业的发展。

图：山西晋中平遥古城

（4）金融组织的出现。随着商业的繁荣，一些金融组织也开始在中国出现。例如，银行、保险公司等金融机构开始为中国商人提供金融服务，支持商业活动的开展。

4. 近代中国商业组织在多样化进程中的特征

（1）多样性。近代中国商业组织在多样化进程中表现出多样性的特征。从个体商贩到现代商业组织，从传统行会到商会、金融组织等，各种类型的商业组织都有所发展，形成了多元化的商业体系。

（2）融合性。近代中国商业组织在多样化进程中还表现出融合性的特征。传统与现代、中国与西方的商业组织在中国商业体系中相互交织、融合发展，形成了一种独特的商业文化。

（3）适应性。近代中国商业组织在多样化进程中具有适应性。各种商业组织在发展过程中不断适应市场变化和需求，逐渐形成了具有中国特色的商业模式。

（4）开放性。在近代中国商业组织的多样化进程中，开放性也是其重要的特征。随着对外开放范围的扩大，中国商业组织开始与国际接轨，吸收国际先进的商业模式和管理经验，推动了中国商业的现代化进程。

（5）政府引导。在近代中国商业组织的多样化进程中，政府起到了重要的引导作用。政府通过一系列政策措施鼓励商业发展，引导商业组织向现代化、规范化方向发展。同时，政府也加强了对商业组织的监管和管理，维护市场秩序和商业公平竞争。

5. 商业法规的完善

为了规范市场秩序，近代中国制定了一系列商业法规，如《公司法》《商标法》等。这些法规的制定和完善，为商业活动的合法化和规范化提供了保障。

近代中国商业市场发展的重要里程碑事件之一是 1904 年《钦定大清商律》的颁布。它是中国历史上第一部独立的商事法律，为后来的商事法律制定提供了基础。在近代商业发展和西方列强影响的大背景下，它的出台反映了当时中国商业社会和法律的转型。这一法律在推动当时商业活动的规范化和法治化方面发挥了重要作用，在维护市场秩序、保障商业公平竞争等方面也起到了积极作用。

三、现代商业市场的发展

从 1949 年新中国成立开始，国内的商场就是中国经济腾飞的一个典型代表，从最开始的满足基本消费需求，到现在成为大型的科教娱乐综合体，发展步伐飞快。从整体的定位和特点来说，现代商业市场的发展基本可分为以下 4 个阶段。

1. 第一阶段（1949—1995年的百货公司）

从 20 世纪 50 年代开始，百货公司就是人们日常生活中不可或缺的一个板块。百货公司的定位就是满足消费者基本的购物需求，销售商品是其唯一的服务。这个阶段的消费者需求简单，商品繁多、质量有保证的百货公司就是当时的购物天堂。

1949 年 10 月 20 日，上海成立了"公营上海市日用品公司门市部"，当时上海市市长陈毅给它的定位就是"这是我们自己的商店"。它也成为新中国第一家国营百货零售商店，原址在南京东路 627 号浙江路口，面积仅有 1000 多平方米，但它开业的第一天便接待了上万人次的消费者，它第一个月的营业额便达到了原上海四大百货公司营业额总和的六成。

2. 第二阶段（1996—2015年的购物中心）

随着1978年改革开放开始，国人尤其是沿海地区的市民接触了大量涉外文化，并随着自身收入的提升，对购物的需求不断增加，衍生出休闲、娱乐等消费需求。传统的百货公司已经无法满足人们的需求，新一代集吃喝玩乐于一体的购物中心便应运而生。

1996年，广州天河城开业，这是第一个真正按照现代商业业态布局并自营管理的购物中心，它的开业意味着购物中心时代的开启。广州天河城在当时是一家"什么都有"的商场：天贸南大百货（后更名天河城百货）采取自营和联营结合的模式；天河城主力店之一吉之岛（后更名永旺），被称为国内第一家"卖菜"超市；自助餐厅（怡景西餐厅）、美食坊、旱冰场、夜总会等业态被相继引入，均是广州商业史上的"第一次"。

3. 第三阶段（2016年至今的互动沉浸式商业综合体）

上一阶段的购物中心持续了很长一段时间，其中包含大量像万达广场、万象城、大悦城、苏宁广场等优秀的商业公司。各种商业公司百花齐放，深挖各类休闲、娱乐、教育等业态，成为各个城市的人流聚集地。

图：万象城

但随着各类电商的高歌猛进，在购物中心中占比最大的零售业态受到很大冲击，为了突破现状，吸引更多消费者到店购物，互动沉浸式商业综合体应运而生。其举办各类活动、展会，把消费者请到商场里跟商家、商品互动交流，把消费者当作整体商业中一个重要的互动角色。让消费者在不知不觉中体验并购买商品，这就是互动沉浸式商业综合体的目标，其中K11就是典型代表。

4. 第四阶段（未来的社交型商业综合体）

2020年以来，当学习可以依靠网课，吃饭可以依靠外卖，购物可以依靠电商，运动可以依靠健身环大冒险，娱乐可以依靠抖音和Xbox，那还剩下什么是无法替代的？社交将成为未来商业综合体的着力点。各种美颜、声卡软件横行时，通过网络这种传统方式进行社交将成为不确定性系数极高的方式。未来，提供面对面社交的优质场所将成为商业综合体新的着力点。

秀水街的变迁

老秀水街自发成市于 1978 年，一开始只有几家商铺，它们散落在一片使馆和外交公寓中间，当时附近住户不多，其消费市场未被看好。谁能想到，多年之后，它已是海外游客争相前往观摩购物的"民间贸易中心"。甚至有经济学家称之为"用改革开放的剪刀裁剪出来的 21 世纪的《清明上河图》"。登长城、游故宫、吃烤鸭、逛秀水……秀水街与长城、故宫、烤鸭这些"北京象征"联系在一起，它成为很多海内外游客到北京旅游时不愿错过的一个地标。

图：秀水街夜景

2005 年，人们告别了老秀水街，迎来了新秀水街。在新秀水街，人们可以买到"精品走廊"里的衣物，也能淘到款式新颖的外贸商品。另外，新秀水街已经是中华老字号密度最大的市场：全聚德、瑞蚨祥、同仁堂、谦祥益、内联升、盛锡福在此均有一席之地。在新秀水街，从品牌服装、工艺品、珍珠丝绸、古玩等中国特色产品，到北京烤鸭店、西式咖啡厅、快餐厅及便利的超级市场，各类产品和设施一应俱全。

2020 年 8 月，秀水街宣布启动商业调改项目，联手专业战略咨询公司和设计机构，重新进行商业定位和内外空间规划，打造秀水街 3.0。秀水街 3.0 致力于展示中国特色、中国品牌、中国文化，展示改革开放 40 多年来中国设计、中国智造的伟大成就和丰富成果。

未来，秀水街计划联动南方产业带、设计师集群，将秀水街 3.0 模式复制到全国乃至全世界，让本土好货、中国好设计走向世界，惠及所有消费者。

思考：借秀水街变迁的案例，谈谈你对市场发展形态变迁的理解。

第六章
商业运营文化

6

商业运营是指商业运营团队为给企业带来利润或增加企业价值而从事的活动，包括企业每天的日常运营产生收益的所有活动。商业运营团队一般通过各类活动帮助企业实现特定的业务目标。商业运营文化的核心是对无形资产和知识产权的运营，是通过运营管理将文化与商业相融合。商业运营文化一般包括营销文化、信用文化、盈利文化和品牌文化。

学习目标

知识目标	了解营销文化的主要内容，了解信用在商业活动中的作用以及现代社会商誉的重要价值，建立对商业利润的正确理解，掌握品牌的定义及品牌管理的相关知识。
能力目标	能够运用商业运营文化的基本理论分析和解决商业实践中的问题，具备一定的商业文化素养和商业创新能力。
素养目标	激发学生对商业的兴趣，培养学生从商业视角解析问题的能力，以帮助学生在未来的职业生涯中取得成功。

案例导入

国药传奇——北京同仁堂

关于以"同仁"二字为金字招牌的历史缘起，有一个故事。康熙八年（1669年），医药世家乐氏家族的乐显扬要建个药室。给药室起个什么名称呢？他想起了儒家提倡的"大同社会，天下为公"，就取其"同"字放在药室名称的首字位。他接着想第二个字，选中了"仁"字。他牢记古训"仁者爱人"，认为医家悬壶济世、利民养生，就是施行最大的仁爱。就这样，他确定了"同仁堂"这个名称，使其开启了之后 300 多年的辉煌历程。

康熙年间，乐显扬这样生于医药世家的铃医在北京的口碑颇好。尤其是他极为丰富的祖传医药知识受到医界的注意。

康熙四年（1665 年），北京发生地震，伤者很多，其中有一位秀才刚刚考中举人。他中举后兴奋之情未定，又在地震之中受伤，受到惊吓。乐显扬为他诊治时发现他已患有严重的精神病，急需治疗调养，安定下来，否则病情还会恶化。乐显扬没有立即给他开方抓药，而是让他赶快去找一位专医此病的医生，不可再延误。举人按照乐显扬的吩咐，找到这位医生，抓了药带回家乡休养，不久便痊愈了。举人因此对乐显扬的医术、医德极为钦佩。

后来，举人将乐显扬推荐给了主管太医院的亲王，继而乐显扬官封太医院吏目。此时，乐显扬年已 55 岁。他毕生致力研究方药，精研修合之道，在多个方面均有独到的造诣。而且，他终于结束了乐氏祖辈的铃医之路，成为正规的医者，实现了祖先的夙愿。

而就在乐显扬就任的那一年初夏，北京郊区永定河泛滥，疫病突发。康熙皇帝即刻令太医院的官吏奔赴当地为百姓们治病。乐显扬开药方，亲自为百姓们熬药，救治效果良好。

图：同仁堂

乐显扬认为，只有良医、良药才能济世救人，于是他更加不在意功名利禄，一心钻研医药文化。他的精神成为后世乐家经营药业的祖训之一。

由于声名远扬，雍正初年，清廷开始让同仁堂为宫廷供奉用药，一直到宣统皇帝退位，同仁堂的独办官药近 200 年未被更换。正是这段经历使得同仁堂迅速崛起，逐渐沉淀出巨大的商誉价值，可谓标准的百年老字号。到了慈禧太后主政时期，同仁堂的地位又有提升，官用药直接由同仁堂做好送达，同仁堂可以说一时风光无限。民国年间，虽然战乱迭起，但同仁堂总体来说依然保持了稳定的经营。新中国成立之后，乐家第十三代掌舵人乐松生积极响应国家号召，率先实行公私合营，同仁堂于 1954 年正式接受社会主义改造，更名为北京同仁堂，成为一家国有企业。

在 300 多年的风雨历程中，历代同仁堂人始终恪守"炮制虽繁必不敢省人工，品味虽贵必不敢减物力"的古训，树立"修合无人见，存心有天知"的自律意识，造就了制药过程中兢兢业业、精益求精的精神，以及广为人知的同仁堂十大王牌和十大名药。

改革开放之后，同仁堂于 1997 年 6 月在上海证券交易所成功上市。公司以生产、销售传统中成药为主业，常年生产的中成药超过 400 个品规，涵盖内科、外科、妇科、儿科等类别，其中以安宫牛黄丸、同仁牛黄清心丸、同仁大活络丸为代表的经典药品有着极高的知名度，受众群体极为广泛。

思考： 你认为北京同仁堂 300 多年来经营成功的关键是什么？

第1节 营销文化

营销文化是指以文化观念为前提，以贴近人的心理需要、精神气质、审美情趣为原则的营销哲理和营销艺术。营销文化侧重于研究具有文化品格的营销手段，以消费者为中心的营销原则，以竞争意识与服务相统一为核心的营销动力等。

一、营销文化的主要内容

营销文化从表层内容看，是指橱窗艺术、牌匾艺术、幌子艺术、广告艺术、柜台艺术以及其他各种促销艺术。营销文化的深层内涵是在经营活动中所体现出来的经商意识、经营哲学，如竞争意识、服务意识、审美意识、名牌意识等。这些潜在的思想观念成为商务经营活动的原动力。营销文化是商业文化的集中表现，商业文化中的一切因素都受其影响，并伴随营销活动的实现而最终完成文化传达。营销文化的主要内容包括以下 4 个方面。

1. 营销观念

营销观念是指商业经营观念，也就是商业从业人员以什么态度、什么思维方式对待与处理营销活动。西方发达国家的经验表明，营销观念随着社会经济的发展而逐步形成和变化，大致经历了生产观念、销售观念、市场营销观念、社会营销观念等 4 个阶段。其中，生产观念是指以生产为中心的营销观念，通常适用于卖方市场。销售观念是指以销售为中心的营销观念。市场营销观念是指以消费者为中心的营销观念，它注重对市场需求的调查和预测，并以此为出发点，采取多种营销策略和手段来营销商品。社会营销观念是市场营销观念的延伸和发展，它指以整个社会作为营销活动的出发点的营销观念，既讲求营销者自身的经济效益，又讲求社会效益，崇尚商业道德。显然，市场营销观念和社会营销观念正是我们目前需要大力培育和推广的经营观念。

2. 营销原则

营销原则是指在营销过程中形成的，指导人们从事营销活动的原理、规程，也即营销行为规范。如"市场细分""顾客至上""消费者主权"等原则，这类原则的制定和确立，反映了现代市场经济中营销文化的形成与发展，一切营销人员都应遵循它们。

3. 营销艺术

营销艺术是指在营销过程中必须采用的策略、技巧、方法的总和。它涉及方案策划、定价、分销、促销等环节。营销艺术凝聚着人们的多种文化因素，具有复杂性和多样性。因此，营销人员需要不断学习，不断探索，在实践中不断对营销艺术加以总结和完善。

4. 营销动力

营销动力是指在营销过程中，争取利润最大化的动力。这是市场经济的趋利性特征在营销活动中的体现。一切营销机构和营销人员都要运用营销动力不断提高营销工作水平。

商业故事

李宁实现品牌重塑

李宁在成立之初便有了相当高的知名度。在许多人眼里，"李宁"并不只是一个公司的商标，更是代表承载了一代人强国之梦的"体操王子"，他获得了 106 枚国内外大赛金牌，曾经被评为 20 世纪最伟大的 25 位运动员之一，和乔丹、贝利齐名。

李宁的前首席执行官张志勇坦言，2006—2007 年，公司对消费者的市场调查显示，李宁的实际消费人群与目标消费人群相比有了一定的偏移，整体年龄偏大，35 ～ 40 岁的人群超过 50%。而对年轻消费者来说，李宁的"酷""时尚""国际感"等特质比国际品牌略逊一筹。因此李宁决定重新塑造品牌形象，正式在一线城市加大力量，与国际品牌展开正面争夺。

李宁在与《国家宝藏》的合作中，推出跨界联名产品——"君子""汉甲""问鼎"3款鞋。"君子"以国画中的梅、兰、竹、菊为设计灵感，脚背织带绘有墨梅图、鞋身绘有墨竹、鞋后跟绘有兰和菊。梅、兰、竹、菊的淡泊名利与中华民族的高尚精神一脉相承，又与现代价值观宣扬的廉洁、谦逊等良好品质紧密联系，这使得消费者受到传统文化的浸染，并逐步形成对中华文化的认同。"汉甲"采用汉代将士的鳞片甲衣结构，细节处点缀有代表将士的青铜兽面纹，以此致敬中华民族不惧艰险的伟大精神，鼓励消费者直面生活、砥砺前行。"问鼎"的灵感源自典故"问鼎中原"，鞋身以多层次结构表现古代铠甲，而鞋后跟应用同为国家瑰宝的青铜鼎纹饰，与《国家宝藏》中的西周大克鼎相对应，辅以篆体问鼎文字元素，象征着"以力立身"，与当下倡导的主流价值观不谋而合。

图：李宁品牌服装店

李宁成功地将当代文化与古典文化进行了融合，使得人们产生了精神上的共鸣。清正廉洁、爱国奉献是中国人民长期以来的精神追求，中华民族共同的价值观正是李宁所传承和弘扬的。

思考： 李宁在商业活动中是如何挖掘我国的传统文化帮助自己实现品牌重塑的？请谈谈你对"国潮"的理解。

二、营销文化的影响因素

1. 消费风俗对营销文化的影响

消费风俗与营销文化有着互相制约、互相促进、互相渗透的关系，这种关系决定了营销文化的形成和发展是以消费风俗的存在和发展为条件的。消费风格的差异性、民族性、共通性、节奏性和时代性都会影响营销文化。

2. 消费者心理对营销文化的影响

研究消费者心理是做好营销准备的首要条件。针对消费者心理选择适当时机、采取适当的形式进行营销宣传及采取巧妙的营销策略是营销成功的关键。因此，营销文化的形成与发展受到消费者心理的影响，也反映消费者的心理规律。

三、营销文化的变革

随着科技的飞速发展和数字化时代的到来，营销文化正经历着前所未有的变革。数智时代的到来为营销带来了新的机遇和挑战，也促使营销文化不断发展和演变。

1. 数据驱动的个性化营销

在数智时代，数据成为营销的核心资源。企业可以利用大数据和人工智能等技术对消费者进行精细化分类，深入了解消费者的需求和行为特征，实现个性化营销。通过数据分析和挖掘，企业可以提供更加精准的产品推荐和服务，提高消费者的满意度和忠诚度。

2. 全渠道整合营销

在数智时代，消费者的购物渠道和习惯多样化，企业需要实现全渠道整合营销。全渠道整合营销是指企业将线上、线下渠道进行有机整合，实现多渠道协同发展。通过全渠道整合营销，企业可以更好地满足消费者的购物需求，提高品牌知名度和市场占有率。

3. 社交媒体营销

社交媒体在数智时代成为消费者获取信息和交流的重要平台。企业需要充分利用社交媒体平台，开展社交媒体营销。社交媒体营销可以利用社交媒体的特点，实现精准定位和互动传播，提高品牌知名度和消费者黏性。同时，社交媒体营销还可以通过用户生成内容等方式，增强消费者的参与感和品牌认同感。

4. 人工智能与机器学习在营销中的应用

人工智能与机器学习在数智时代为营销带来了新的机遇。企业可以利用人工智能与机器学习进行数据分析和预测，实现自动化营销和智能推荐。通过运用机器学习，企业可以更准确地预测消费者的需求和行为，优化营销策略和营销效果。

5. 虚拟现实与增强现实在营销中的应用

虚拟现实与增强现实在数智时代为营销带来了新的方式。企业可以利用虚拟现实与增强现实为消费者创造沉浸式的体验，提高产品的吸引力和竞争力。通过运用这两种技术，企业可以将产品展示和体验相结合，让消费者更加深入地了解产品的特点和优势，增强购买意愿和品牌忠诚度。

6. 实时营销和动态定价

数智时代让实时营销和动态定价成为可能。企业可以利用大数据和实时分析技术对市场变化进行实时监控和响应，实现动态定价和个性化促销。通过实时营销和动态定价，企业可以更好地满足市场需求和优化销售效果。同时，企业通过实时营销还可以加强与消费者的互动和沟通，提高消费者的忠诚度和满意度。

总体来说，数智时代的到来为营销文化带来了新的变化。企业需要紧跟时代潮流，不断学习和创新营销理念和方法，充分利用新技术和新平台，优化营销效果和提高市场竞争力。同时，企业还需要关注消费者需求和市场变化，不断优化和完善营销策略，以适应不断变化的市场环境。

第2节　信用文化

信用文化是在市场经济条件下，用以支配和调节人与人、人与社会、社会各经济单元之间信用关系和信用行为的一种基本理念和规范。构建信用文化是现实生活的需要，也是市场经济内在规定性的客观要求。

一、信用的产生与发展

商品经济的发展使商品、货币在各个主体之间分布不均衡，这导致商品需要卖，但拥有货币的人不需要买，而需要商品的人却没有货币，商品交换无法进行。为解决这一问题，人们开始采用赊购赊销的方式，即商品赊卖者或货币贷出者成为债权人，商品赊购者或货币借入者作为债务人，二者具备了债权债务关系，双方达成了到期归还本金并支付利息的协议，这便是典型的信用关系。

现代信用产生的标志是借贷资本的出现和形成。产业资本的循环过程中，一方面必然形成一部分暂时闲置的货币资本，即形成了可以贷放出去的资本；另一方面也存在临时补充资本的需要，即需要借入资本。

在社会化大生产过程中，企业有借入货币资本的客观要求。首先，在再生产过程中，企业在需要更新固定资产而其折旧基金尚未达到足够数量的情况下需要借入一部分资本。其次，企业为维持产业资本的正常周转，需要临时借入资本以弥补自有流动资金的不足，如季节性、临时性地大量购买原材料、燃料和辅助材料等。最后，当积累资本的金额不能满足投资需要而又想扩大生产规模时，企业也需要借入资本。在市场经济条件下，获取更多的利润是生产经营者共同的追求，这样就使资金盈余者与资金短缺者联系在一起，形成借贷关系，于是暂时闲置的货币资本便转化为借贷资本。

现代市场的信用已远远超过了借贷的范畴，伴随金融市场的发展，相继出现了信托、融资租赁、保险、产业投资等形式。

商业故事

六必居

相传在明代中叶，山西临汾西杜村的赵存仁、赵存义、赵存礼兄弟在"学而优则商"观念的指引下，跟随着浩浩荡荡的晋商队伍，开始追寻自己的"淘金梦"。他们不辞劳苦地走到了北京城，惊喜地发现天子脚下如此奢华，王公皇戚、名门望族比比皆是，这些人在生活上极为讲究，越是奢华、稀罕的东西，就越受他们的欢迎。北京城内的平民百姓在日常生活中也追求时尚，在吃喝、穿戴上毫不马虎。这里的生意人纷纷投其所好，专挑奢侈高档的商品经营，这样自然更容易发财。

赵氏兄弟三人独辟蹊径，开了个小店。小店所卖商品看上去虽然很不起眼，但居家过日子的人谁也离不开。俗话说"开门七件事：柴、米、油、盐、酱、醋、茶"，三兄弟的小店里除了茶以外，其他六样东西都卖，正因为如此，他们才恰如其分地给小店起了个名字叫"六必居"。谁曾想这名字竟然能延续 400 多年，当年的小店也发展成为北京酱园中历史最久、声誉最显著的一家老字号，其靠的就是"六必"，即"秫稻必齐、曲蘖必实、湛炽必洁、陶瓷必良、火齐必得、水泉必香"。

六必居最出名的是酱菜，其有 12 种传统产品：稀黄酱、铺林酱油、甜酱黄瓜、甜酱甘螺、甜酱仓瓜、甜酱姜芽、甜酱八宝菜、甜酱什香菜、甜酱瓜和糖蒜等。这些产品色泽鲜亮，酱味浓郁，脆嫩清香，咸淡适度，成为老百姓喜爱的小菜。它们的原料都有固定的产地。比如，黄酱的原料黄豆就选自河北丰润区马驹桥和通州永乐店，这两个地方的黄豆饱满、色黄、油性大；而甜面酱的原料小麦则来自京城西面的涞水县，这种小麦黏性大，被加工成细白面后就非常适宜制作甜面酱。另外，六必居制作酱菜有一套严格的操作规程，一切规程都由掌柜一人负责。比如进行酱料的制作，需要先把豆子泡透，蒸了，拌上白面，在碾子上压，再放到模子里，垫上布用脚踩 10～15 天，然后拉成 3条，剁成块，放到架子上码好，用席子封严，让其发酵，在发酵后期，还要不断用刷子刷去酱料上的白毛。经过 21 天，酱料才算发好。正是这种严格的操作规程保证了六必居酱菜的独特味道和值得信赖的质量。似乎从一开始，六必居就深知"以义制利"的行商准则，以始终信守的道德规范为自己铺平了一条通往成功的大道。

六必居在经营管理方面也有一套独特的办法。老店几百年来的经营经验中，有一条就是任何人都不准超支或长支店内的资金，对外经营也从不欠款。店内明确规定，东伙不能借贷银钱，倘有借贷，唯管事者是问。另外，银东提取钱文随时扣除，伙计提取钱文临回家时需要还清；银东按五厘定支，伙计按六厘定支，自定支后，不得越支；银东提取银两按两季开付，不准早提。在用人方面，六必居规定，店内坚决不用"三爷"，即少爷、姑爷、舅爷，这一点可不容易做到。在当时的环境中，可以放下传统观念的包袱，大胆起用家族外部优秀人才，可见六必居的远见卓识。

六必居发财致富后，赵氏三兄弟从没有忘记自己的根还在老家山西。他们带领大批临汾的父老乡亲到京城老店里给予他们致富的空间，使父老乡亲们也能一睹京城的风采，故前店柜台上多是山西临汾、襄汾县人。

图：北京六必居酱园

明代一位山西著名商人王现说过这样一段话："夫商与士，异术而同心。故善商者，出财货之场，而修高明之行，是故虽利以义制，名以清修，天之鉴也。"六必居的代代传人把修德之行与取利之途间的关系洞察得非常透彻，他们具有远见卓识，没有在利益面前丢弃了为商、为人的根本。六必居饱经沧桑，却经久不衰，凭借优质的酱菜和科学的管理创造了良好的信誉。

思考： 六必居作为百年品牌，其基业长青的关键是什么？

二、信用的作用

在商品与货币关系日益密切的现代社会，信用发挥着愈来愈重要的作用，具体表现在以下几个方面。

1. 筹集资金的作用

信用的基本特征有两个，一是偿还，二是付息。资金的所有者只暂时让渡其使用权，信用可以不断地把小额、分散、闲置的资金积少成多，续短为长，变死为活，变货币收入为货币资金，变消费基金为积累基金，使资金被投入生产经营，促进社会再生产规模不断扩大。

2. 配置资金的作用

信用从形式上看是将资金从暂时闲置者手中调剂到资金短缺者手中，实际上是对资金的重新配置，这种配置不改变资金所有权，只改变资金的实际占有权和使用权，并以偿还付息为条件，提高了资金的使用效率，能达到充分利用资金的目的。配置资金的途径有两个，一是借助金融市场，二是依靠银行信用。

3. 节省流通费用的作用

（1）信用工具的使用节约了流通中的货币。信用使一部分交易通过赊购赊销或债权债务的方式相互抵销而结清；闲置的货币资本通过银行存款再贷放出去进行流通，使货币流通速度加快，减少了流通货币的使用量。

（2）信用货币代替了实体货币，大大降低了社会交易成本。

（3）信用加快了资本形态的变化，使社会再生产过程加快，减少了用于商品储存的资本，节省了保管费、运输费等费用，使节省的费用被投入生产领域，促进了经济发展。

4. 宏观调控的作用

信用的发展为国家用经济手段调控经济创造了条件。

在信用的基础上，由中央银行、商业银行和其他金融机构组成的金融体系得以形成，它是调节宏观经济的有机体；信用的发展催生出多种信用工具，它们成为中央银行调控经济的主要手段；国家通过银行信用规模的收缩和扩张，有效控制社会中的货币流通量，使货币供给量与需求量一致，实现对货币总量的调控，同时运用利率杠杆调整信贷方向，实现对经济结构的调节。

信用也有消极的作用，如盲目贷款、任意扩大信用规模会导致国民经济发展过热和通货膨胀等，因此政府必须加强金融宏观调控，避免信用发挥消极作用。

三、商业信誉

商业信誉是指企业在市场上具有的声誉和品牌形象，是企业在经营过程中积累起来的无形资产。商业信誉是由企业的历史业绩、品牌价值、企业文化、管理水平、客户群体等多个因素综合决定的。在商业领域中，建立良好的商业信誉是非常重要的。商业信誉是企业取得成功的关键因素之一，它对企业的品牌形象、市场地位以及客户关系有着深远的影响。那么，如何建立良好的商业信誉呢？

（1）提供高品质的产品或服务。质量始终是企业最核心的竞争力之一。为了建立良好的商业信誉，企业应该致力于提供高品质的产品或服务。这要求企业在产品研发、生产制造、售后服务等方面都精益求精，不断提高质量标准，提升客户满意度。

（2）诚信经营。诚信经营涵盖了多个方面，包括遵守法律法规、信守合同、保护客户权益等。只有通过诚信经营，企业才能赢得客户的信任和尊重，树立良好的商业信誉。

（3）塑造积极的企业形象。企业形象是商业信誉的重要组成部分。积极的企业形象能够增加客户对企业的信任感。塑造积极的企业形象的方式有很多，企业可以通过市场营销活动、媒体宣传、公益活动等来提升知名度和声誉。此外，企业的员工形象也是企业形象的重要组成部分，他们的仪表、言行举止也会直接影响客户对企业的印象。

（4）建立良好的客户关系。客户是企业的重要资源，与客户建立良好的关系对于企业提高商业信誉至关重要。企业应该注重与客户的沟通和交流，及时解决客户的问题，为客户提供个性化的服务。此外，企业还可以通过定期邀请客户参加活动、回馈客户等方式与客户建立紧密的合作伙伴关系，提升客户的忠诚度。

（5）积极回应客户反馈。客户反馈是企业改进和优化的重要信息来源，对于建立良好的商业信誉非常关键。企业应该积极倾听客户的反馈意见和建议，及时采取措施优化产品或服务。通过积极回应客户反馈，企业能够体现出对客户的重视和关心，进而提升客户对企业的信任感和满意度。

综上所述，建立良好的商业信誉对于企业的长期发展至关重要。通过提供高品质的产品或服务、诚信经营、塑造积极的企业形象、建立良好的客户关系以及积极回应客户反馈，企业能够树立良好的商业信誉，赢得客户的信任和支持，促进自身的良性循环和可持续发展。

知识窗口

个人信用报告与个人征信

个人信用报告是由中国人民银行征信中心出具的记载个人信用信息的文书，它主要包含以下几个方面的信息。

（1）基本信息：包括身份信息、居住信息、职业信息等，反映了个人的基本情况。

（2）信贷信息：个人信用报告中最核心的信息，记录了个人的借款和还款情况，包括信用卡、房贷、车贷等各类贷款。

（3）非金融负债信息：先消费、后付款形成的信息，如电信缴费信息等。

（4）公共信息：包括社保与公积金信息、法院信息、欠税信息、行政执法信息等，这些信息可以从侧面反映个人的社会活动和信用状况。

（5）查询信息：记录了过去2年内个人信用报告的被查询记录，可以帮助判断个人信用报告的使用情况。

个人征信的作用主要体现在以下几个方面。

（1）作为金融机构进行贷款审批和信用卡审批的重要依据。个人征信能够帮助金融机构评估客户的信用风险水平，减少授信市场参与各方的信息不对称，有助于个人获得贷款或信用卡。

（2）作为个人应聘时的参考依据。个人征信可以反映个人的历史信用状况，在个人应聘时可作为录用的参考依据。

（3）影响个人的社会经济活动。例如，如果个人征信状况不良，可能会影响子女入学以及参军等重要事项。

个人征信对于建设信用社会具有重要意义，具体体现在以下几个方面。

（1）个人征信有助于规范个人的经济行为，推动社会的诚信建设。了解和评估个人的信用状况，可以促使个人更加注重自己的信用行为，减少违约和欺诈行为的发生。

（2）个人征信有助于提高金融体系的运行效率，降低金融风险。金融机构可以通过个人征信了解客户的信用状况，更加准确地评估风险，降低坏账率，提高贷款审批的效率和准确性。

（3）个人征信有助于推动经济的发展。个人征信可以减少经济活动中的信息不对称，促进资金的合理配置，推动经济的发展。

（4）个人征信对于政府的管理也有重要意义。政府可以通过个人征信了解公民的经济状况和社会活动情况，为政策的制定提供依据，更好地服务社会和人民。

✳ **思考**

我们应该如何避免上当受骗，并保护好自己的个人征信记录呢？

第3节 盈利文化

一、盈利文化的定义及特点

1. 盈利文化的定义

盈利文化是指在企业内部形成的一种以盈利为核心导向的文化氛围。它要求企业的每个员工都具备强烈的盈利意识，将提升企业的盈利能力作为自己的工作目标和行为准则。这种文化不仅关注企业的直接经济效益，更强调通过优化内部管理、提升产品质量、创新营销方式等手段实现企业的可持续发展。

2. 盈利文化的特点

盈利文化具有以下几个特点。

（1）全员参与。盈利文化强调全员参与，无论是管理层还是基层员工，都应该具备盈利意识，将企业的盈利目标内化为自己的行动指南。

（2）关注成本。在盈利文化中，成本控制被视为提升盈利能力的重要手段。企业会通过各种方式降低生产成本、管理费用等，以提高整体盈利水平。

（3）注重创新。创新是盈利文化的灵魂。企业会不断寻求技术、产品、服务等方面的创新，以差异化竞争策略赢得市场优势，从而提升盈利能力。

（4）强化绩效。盈利文化强调绩效导向，企业会通过设定明确的盈利目标和考核标准激励员工积极工作，为企业创造更多价值。

商业知识

马克思的剩余价值理论

马克思的剩余价值理论是马克思主义经济学的核心内容之一，它揭示了资本主义经济制度的本质和规律。在剩余价值理论中，马克思关于利润的主要观点如下。

第一，马克思认为利润是剩余价值的转化形式。剩余价值是工人在生产过程中所创造的超过其劳动力价值的价值，即工人所创造的价值中超过其劳动力价值的部分。而利润则是剩余价值的转化形式，是资本家从剩余价值中所获得的那一部分。在资本主义生产过程中，资本家通过延长工作日、提高劳动强度等方式获取更多的剩余价值，从而获得更多的利润。

第二，马克思认为利润的本质是剩余价值的资本化。资本家将剩余价值作为资本的一部分用于再生产，从而获得更多的剩余价值和利润。

第三，马克思认为利润与剩余价值在量上是相等的，但在质上是不同的。剩余价值是工人创造的被资本家无偿占有的价值，而利润则是资本家通过投入资本和劳动力得到的回报。因此，剩余价值表现为一种剥削关系，而利润则表现为一种经济关系。

第四，马克思认为利润最大化是资本家的目标。资本家通过各种方式提高生产效率、降低生产成本、扩大市场需求等，以获取更多的利润。然而，马克思指出，这种对利润最大化的追求会受到市场竞争、供求关系、生产成本等因素的制约，从而影响利润的获取和分配。

综上所述，马克思的剩余价值理论揭示了资本主义经济制度的本质和规律，其中关于利润的主要观点包括：利润是剩余价值的转化形式；利润的本质是剩余价值的资本化；利润与剩余价值在量上是相等的，但在质上是不同的；利润最大化是资本家的目标。

二、盈利文化的构建及作用

1. 盈利文化的构建

企业构建盈利文化时会重点考虑以下几个方面的内容。

（1）明确盈利目标。企业应该根据自身实际情况和市场环境，设定明确的盈利目标，并将其作为企业文化建设的核心导向。

（2）加强员工培训。企业通过培训提升员工的盈利意识和专业技能，使员工能够更好地理解并践行盈利文化。

（3）优化内部管理。企业通过完善内部管理制度和流程，降低管理成本，提高管理效率，为企业的盈利创造良好条件。

（4）强化激励机制。企业建立与盈利目标挂钩的激励机制，激发员工的积极性和创造力，推动企业盈利能力不断提升。

2. 盈利文化的作用

盈利文化的作用体现在以下几个方面。

（1）提升企业竞争力。盈利文化能够增强企业的内部凝聚力和外部竞争力，使企业在激烈的市场竞争中脱颖而出。

（2）促进可持续发展。盈利文化注重企业的长期发展和社会责任，通过优化内部管理、提升产品质量等方式，实现企业的可持续发展。

（3）增强员工归属感。盈利文化强调全员参与和共享成果，使员工感受到自己的价值和贡献被认可，从而增强员工的归属感和忠诚度。

增量思维

增量思维是一种重要的思考方式，对应的是存量思维。所谓存量思维，就是用现在的眼光看待当下拥有的东西，而增量思维是以未来的眼光看到将会拥有的可能。增量思维看重的是新增和未来，强调的是可能性，而存量思维在乎的是已有和过去，强调的是固定性。由此可见，增量思维更多是在原有存量的基础上进行科学探究，是一种发展的创新思维模式。真正的强者一定都具有增量思维。

在投资上，人们通常把市场分成两类，一类叫增量市场，一类叫存量市场。其中，增量市场本身的顾客群在快速地扩大，这意味着有非常多的人以前没消费而现在准备要消费了，比如医美就是增量市场。

当今时代，也有大量的产业正在从增量时代逐步进入存量和运营时代。面对同质化竞争，企业又该如何用增量思维突破经营困境呢？

想从红海市场里找到蓝海市场，唯一要做的就是找到增量市场。

过去，喝咖啡的人通常有两类：一类是以喝星巴克咖啡为代表的职场人士，他们收入相对较高，追求高品质生活；一类是喝速溶咖啡的群体，追求简单便捷。咖啡品牌繁多，市场竞争激烈，咖啡市场是典型的红海市场。瑞幸若想脱颖而出，最重要的是找到那些暂时还没有消费但未来有可能消费的客户群。

图：瑞幸咖啡

所以，瑞幸的定位就是让那些过去不喝咖啡的人养成喝瑞幸咖啡的习惯。而这类群体就是那些收入还不够高，但又希望过上品质生活的人。

与星巴克咖啡相比，瑞幸咖啡价格比较低，强调了方便性。当选准了这一定位后，瑞幸就避开了与传统品牌星巴克以及速溶咖啡品牌的竞争，从而找到了自己的增量市场，几年间就发展成了中国最大的连锁咖啡品牌。

因此，增量思维下的商业运营不仅要关心谁是"我"的顾客，更要关心谁今天还不是"我"的顾客，但"我"可以把他们发展为"我"的顾客，从而避开同质化竞争，快速实现业绩增长。

思考：谈谈你对存量思维和增量思维的理解。

三、利润的主要特性

1. 利润的客观性

利润作为一种经济现象，是客观存在的。无论是在资本主义市场经济条件还是社会主义市场经济条件下，企业或个人只要进行生产经营活动就会产生利润。利润的客观性是由商品经济的客观性所决定的，是市场经济的基本特征之一。

2. 利润的风险性

企业在生产经营活动中获得利润的同时也要承担一定的风险。这是因为市场经济中的价格和供求关系等因素是不断变化的，企业在经营过程中必须根据这些变化做出决策。而这些决策不一定总是正确的，有时候会导致企业亏损或破产。

3. 利润的计量性

对企业利润的计算和测量可以通过一定的会计制度和会计准则来进行。在市场经济中，企业的盈利水平直接影响到企业的生存和发展，因此企业必须对利润进行准确的计量和记录。同时，政府和投资者也需要了解企业的盈利状况，以便做出相应的决策。因此，会计制度和会计准则对于利润的计量和记录具有重要的作用。

4. 利润的分割性

随着资本主义信用制度的发展，产业资本家和商业资本家不仅使用自有资本，而且大量使用借入资本。借贷资本对职能资本所起的作用日益增大。由于使用借入资本必须支付利息，于是产业利润或商业利润又会在量上再分割为利息和企业主收入两个部分。按其本源来说，二者都是剩余价值的转化形式。可是，这种纯粹的量的分割又会转化为质的分割，即表现为资本所有权同资本使用权的分离。

5. 利润的再转化性

马克思关于利润是剩余价值的转化形式的理论，深刻地揭示了利润的实质及其来源，以及利润进一步再转化的各种具体形式和它们所体现的错综复杂的资本主义生产关系及其阶级表现，从而为无产阶级反对资产阶级、争取解放的革命斗争提供了锐利的理论武器。

在社会主义市场经济中，利润仍然是一种重要的经济范畴，它体现了商品的价值和使用价值的矛盾。利润的本质是社会剩余劳动的凝聚，是剩余价值的转化形式。在社会主义市场经济中，利润仍然具有其存在的必要性。首先，利润是推动企业提高经济效益、增强市场竞争力的内在动力。企业为了获得更多的利润，会努力降低成本、提高生产效率和产品质量、拓展市场等，从而推动社会经济的发展。其次，利润是实现资源优化配置的重要手段。在社会主义市场经济中，市场机制仍然是资源配置的主要方式。企业为了获得更多的利润，会根据市场需求和竞争状况来调整自己的生产计划和经营策略，从而实现资源的优化配置。

延伸阅读

利润与社会公平的关系

经济体制改革必须以完善产权制度和要素市场化配置为重点，实现产权有效激励、要素自由流动、价格反应灵活、竞争公平有序、企业优胜劣汰。

因此，企业在处理利润与社会公平的关系时，应该遵循以下原则。

（1）遵守法律法规和道德规范。企业应该遵守国家法律法规和道德规范，保持良好的商业信誉和社会形象。同时，企业也应该承担社会责任，积极参与公益事业，为社会做出贡献。

（2）坚持诚信经营。企业应该始终坚持以诚信为本的经营理念，严格遵守合同约定，保证产品质量和服务质量，维护消费者权益，通过诚信经营赢得市场和消费者的信任和支持。

（3）注重创新发展。创新是企业的核心竞争力之一。企业应该在技术创新、管理创新等方面加大投入力度，提高生产效率和产品质量，不断满足市场需求。同时，企业也可以通过创新产品和服务模式来开拓新的市场和领域。

（4）加强人才培养和管理。人才是企业发展的重要资源之一。企业应该注重人才培养和管理，建立健全人才引进、培养和使用机制，为员工提供良好的职业环境和晋升机会，激发员工的积极性和创造力。

总之，企业在处理利润与社会公平的关系时，应该始终保持高度的社会责任感和使命感，不断提高自身素质和能力水平，为社会创造更大的价值和贡献。

思考： 你认为社会主义市场经济条件下的民营企业应该如何平衡效益与公平。

第4节　品牌文化

品牌文化是指通过赋予品牌深刻而丰富的文化内涵，建立鲜明的品牌定位，并充分利用各种强有效的内外部传播途径，形成消费者对品牌在精神上的高度认同，创造品牌信仰，最终形成强烈的品牌忠诚度。

对企业而言，拥有好的品牌资产，就意味着可以有效地利用这个品牌来进行市场营销，从而获得更多的收益。品牌的内涵就是企业文化，品牌不仅是对外销售的利器，也是对内管理的道德约束力量。在营销活动中，品牌是唤起消费者重复消费的最原始动力。

一、品牌的定义

品牌是指消费者对某类产品及产品系列的认知程度，其本质是品牌拥有者的产品、服务或其他优于竞争对手的优势能为消费者带去同等或高于竞争对手的价值。

品牌是人们对一个企业及其产品、售后服务、文化价值的一种评价和认知，是一种信任。当人们想到某一品牌的同时总会将其和时尚、文化、价值联系到一起。企业在创造品牌时不断地创造时尚、培育文化。随着企业做强做大，品牌不断从低附加值向高附加值升级，向产品开发优势、产品质量优势、文化创新优势的高层次转变。当品牌文化被市场认可并接受后，品牌才产生其市场价值。

二、品牌管理的内容

品牌管理是企业在市场竞争中采取的一系列策略和活动，旨在建立、维护和提升品牌价值，从而增强品牌在消费者心目中的地位和影响力。品牌管理的核心目标是通过建立品牌忠诚度、提高品牌知名度，从而实现企业的长期发展和盈利能力的提升。品牌管理的具体内容包括以下几个方面。

（1）品牌定位战略。企业需明确自身的品牌定位和选定目标消费者群体，并以此制定相应的品牌战略。例如，产品定位为高端品牌或平民品牌，并制定相应的市场营销策略和推广活动。

（2）品牌形象设计和维护。企业需建立一套形象设计规范，包括品牌标志、口号、颜色、字体等元素，制定统一的品牌形象传播策略。同时，企业还需要定期对品牌进行形象的维护和升级，保持其新鲜度和时尚性。

（3）品牌推广和宣传。企业需通过各种渠道和媒介进行品牌推广和宣传，包括电视、广播、报纸、杂志、网络等。此外，企业还可以通过赞助体育赛事、文艺活动等方式提升品牌知名度和形象。

（4）品牌服务。企业需通过提供优质的产品和服务建立良好的品牌口碑和消费者忠诚度。

（5）品牌价值评估和提升。企业需对品牌进行定期的价值评估和提升，以保证品牌的竞争力和价值。常用的品牌价值评估指标包括品牌知名度、品牌忠诚度、品牌形象和市场占有率等。

三、品牌管理的方法

企业应遵循的品牌管理的常见方法如下。

（1）明确品牌核心价值。企业应明确自身品牌的核心价值，认清自身的产品定位，这有助于企业在市场中建立差异化优势，并且能够确保其品牌的营销活动与品牌所提倡的核心价值一致。

（2）建立品牌形象。企业应该将品牌形象作为品牌管理的核心。品牌形象包括标志、标语、色彩、品牌故事、声音、形象等元素。通过对这些元素的搭配和运用，企业可以让消费者对品牌产生强烈的认知和情感。

（3）保持一致性。企业要使品牌形象、品牌声誉、品牌体验等方面保持一致，这有助于加强品牌的稳定性和可信度。

（4）提供品牌价值。企业要为消费者提供有价值的品牌体验，不仅要为消费者提供高质量的产品和服务，还要关注消费者的需求和情感。

（5）建立品牌联盟。企业可以与其他品牌建立合作伙伴关系，以增加品牌的影响力和认知度。例如，通过与其他品牌合作推出跨界合作产品强化品牌形象。

图：贵州茅台与瑞幸咖啡联名合作

蜜雪冰城

蜜雪冰城是一个起源于中国郑州的品牌，由张红超在 1997 年创立。张红超在大学时期就开始尝试创业，养过多种动物，学过摩托车修理，这些经历为他后来的创业之路奠定了基础。蜜雪冰城最初的产品是刨冰，张红超发现河南市场上这种产品不多，于是决定创业。他利用暑假在家尝试制作刨冰，并成功做出了理想的口感。

蜜雪冰城的产品策略是提供高品质和低价格的产品，以吸引年轻消费者。它通过自建供应链和工厂，自产核心原材料，实现了成本控制，确保了产品的价格优势。蜜雪冰城的使命是"让全球每个人享受高质平价的美味"，品牌愿景是成为受人尊敬的百年品牌。

蜜雪冰城的营销策略包括品牌造"梗"、B 站玩"梗"、抖音爆"梗"、微博接"梗"和微信公众号解"梗"，以及打造"土味"装修风格，这些策略帮助它在激烈的市场竞争中脱颖而出。其产品矩阵包括冰激凌与茶系列、奶茶特饮和奶盖茶纯茶等，满足了不同消费者的需求。

蜜雪冰城的产品定位为质高价低，其主要面向下沉市场，与新茶饮头部品牌如喜茶、奈雪的茶形成鲜明对比。蜜雪冰城通过低价策略成功吸引了大量年轻消费者，形成了独特的品牌形象和市场定位。

截至 2024 年 8 月，蜜雪冰城已经发展成为拥有超过 3 万家门店的知名连锁品牌，其产品不仅在中国市场广受欢迎，还出口到多个国家和地区。蜜雪冰城的故事体现了其在产品创新、价格策略和市场定位方面的独特优势，它成为一个深受消费者喜爱的品牌。

图：蜜雪冰城的雪王

思考： 谈谈蜜雪冰城在品牌塑造方面做了哪些工作。

第七章
商业规则文化

7

　　规则也可通俗地理解为系统，即某种运行机制。而运行机制的运行则归功于两个方面：一个是硬件，一个则是软件。文化实际上是操作系统。商业规则就是指在商业活动中，为了维护市场秩序、保障公平竞争、保护消费者权益而制定的一系列行为准则和规范，它要求商家在经营过程中遵守相关法律法规，诚信守法经营，维护市场秩序。

学习目标

知识目标	了解公司治理的相关理论及公司治理的目标和主要原则，了解贸易运行的原则，理解税收在经济运行中的作用，理解商业活动中的竞争与合作关系。
能力目标	能够运用商业规则文化的基本理论分析和解决商业实践中的问题，具备一定的商业文化素养和商业创新能力。
素养目标	激发学生对商业的兴趣，培养学生从商业视角解析问题的能力，以帮助学生在未来的职业生涯中取得成功。

案例导入

公司的力量

　　2010 年 8 月 10 日，电视纪录片《公司的力量》由中央电视台发布宣传片。该片于 2010 年 8 月 23 日起每天 21∶20 在中央电视台财经频道首播。

　　作为最有效的经济组织形式，公司的出现被称作是"人类的成就"，尤其是股份公司惊人的崛起速度和当前无可争辩的地位，被公认为是现代历史中最引人注目的现象之一。公司能扩展一个经济单位所能掌握和支配的资源、分散商业活动的高风险。公司凝聚了个体力量，让它变成强大于任何个体的经济动力。公司使得具有血缘、地缘联系之外的陌生人之间的合作成为可能。公司书写了人类经济生活的一个新篇章。

公司这个生命体孕育成长的背后，是全人类不断认识财富、认识市场、认识权力、认识人性的思想历程，是市场经济发展的清晰脉络。因此，公司缘起和植根的背景、自身变迁的路径及其日渐壮大的力量，是观察世界经济发展历程的一个极好的切入点。

全球化的加速在一定意义上是由公司大力推进的。全球资源、全球市场、全球规则，这是公司梦中的美景。公司作为市场运行中的重要角色，提供了寻找经济社会发展动力的载体。

了解各国公司走过的历程，无疑将有助于中国公司的健康、壮大，将有助于社会主义市场经济的进一步完善。无论是从个人、公司、国家的方位，或是从经济、社会、文化的角度，人们都认为非常有必要也完全有可能用一部纪录片来回顾公司的历史，以历史来观照现实，以现实来设问未来。

公司作为经济社会的基本主体，是现代经济活动中最为常见的组织形式之一。在经济社会中，公司扮演着重要的角色，为社会创造财富、提供就业机会，同时也是国家经济发展的重要推动力量。

思考：观看纪录片《公司的力量》，谈谈自己的理解与感受。

第1节　公司治理文化

一、公司治理的相关理论

公司治理是指一系列管理和监督公司运营的机制和制度，旨在确保公司长期稳定发展和股东利益最大化。公司治理涉及委托代理、公司内部组织结构、决策机制、监督机制以及与公司外部利益相关者的关系管理等方面。下面详细介绍委托代理理论和利益相关者理论。

1. 委托代理理论

委托代理理论是现代公司治理的重要理论基础之一，它主要关注公司内部管理者和股东之间的利益关系和权力分配。在公司的经营活动中，出于信息不对称、合同不完备以及利益冲突等原因，代理问题常常会出现。下面将从委托代理关系、代理成本、激励机制、监督机制、信息不对称、合同的不完备性、道德风险、逆向选择等方面介绍相关内容。

（1）委托代理关系。委托代理关系是指一方（委托人）将特定的事项或权力交给另一方（代理人）处理，并赋予其一定的决策权。在公司治理中，股东作为公司的所有者，将公司的经营权交给管理者，二者形成了委托代理关系。管理者作为代理人，负责公司的日常经营和管理决策。

（2）代理成本。代理成本是指由于代理人的行为与委托人的利益不一致而产生的成本。在公司治理中，代理成本通常包括因管理者与股东目标不一致而产生的额外费用，因监督和控制管理者行为而产生的监督费用，以及因管理者追求个人利益而给公司带来的损失等。

（3）激励机制。为了降低代理成本，公司需要建立有效的激励机制，使管理者的行为与股东的目标一致。激励机制通常包括薪酬激励和股权激励等。薪酬激励通过给予管理者一定的工资和奖金，激发其工作积极性和责任心；股权激励则是通过给予管理者公司股票或股票期权，使其成为公司的股东，与其他股东在目标上保持一致。

（4）监督机制。除激励机制外，公司还需要建立有效的监督机制，对管理者的行为进行监督和制约。监督机制包括股东大会、董事会、监事会等内部监督机构以及审计机构、媒体等外部监督机构。通过监督机制，公司可以及时发现管理者的不当行为并采取相应的纠正措施，降低代理风险。

（5）信息不对称。信息不对称是指在委托代理关系中，代理人和委托人对信息的掌握程度不同。由于管理者在公司日常经营中拥有更多信息，股东往往难以完全掌握公司的真实情况。这种信息不对称可能导致管理者为了个人利益而做出损害公司利益的行为。因此，公司需要建立完善的信息披露制度，提高信息透明度，降低信息不对称程度。

（6）合同的不完备性。委托代理理论中的合同通常是完备的，即双方在合同中明确了各自的权利和义务。但在现实生活中，由于人的有限理性和未来事件的不确定性，合同往往是不完备的。这意味着在某些情况下，管理者可能会利用合同的不完备性牟取私利。因此，公司需要不断完善合同内容，并在合同中明确双方的权利和义务，以减少合同的不完备性带来的代理风险。

（7）道德风险。道德风险是指在委托代理关系中，代理人为了追求个人利益而采取的不道德行为。在公司治理中，道德风险可能导致管理者为了个人利益而损害公司利益。因此，公司需要建立有效的道德风险防范机制，加强内部管理，提高管理者的道德素质，增强其社会责任感。

（8）逆向选择。在委托代理关系中，出于信息不对称或合同不完备等原因，低能的管理者可能占据代理人的位置。在公司治理中，逆向选择可能导致低能的管理者被选为公司的代理人，从而影响公司的经营和发展。因此，公司需要建立科学的选拔机制和人才评价体系，确保选用的管理者具备较强的能力和较高的素质。

总体来说，委托代理理论在公司治理中具有重要意义，可以降低代理成本和代理风险，提高公司的经营效率和股东利益。

2. 利益相关者理论

利益相关者理论是现代公司治理的另外一个重要理论。传统的公司治理理论主要关注股东利益的最大化，但随着经济的发展和社会环境的变化，这种治理模式已经无法满足利益相关者的需求。因此，利益相关者参与公司治理成为必要条件。利益相关者是指与公司经营活动存在直接或间接利益关系的个人或组织。根据利益关系的性质和程度，我们可以将利益相关者分为以下几类。

（1）股东。公司的所有者，享有公司的所有权和分红权。

（2）债权人。为公司提供融资服务的机构和个人，享有公司资产的优先受偿权。

（3）员工。享有的权益和福利与公司经营状况密切相关。

（4）供应商。为公司提供原材料、设备等生产要素的机构或个人。

（5）客户。购买公司产品或服务的个人或组织。

（6）政府。对公司经营活动进行监管和征税的政府机构。

（7）社会公众。其他受到公司经营活动影响的个人或组织。

二、公司治理的目标和主要原则

公司治理是确保公司长期稳定发展和实现股东利益最大化的关键因素。下面将详细阐述公司治理的目标和主要原则。

1. 公司治理的目标

（1）增加股东价值。公司治理的首要目标是增加股东价值。公司应通过有效的治理机制提高经营效率和盈利能力，为股东创造更大的价值。

（2）确保公司决策的科学性和效率。公司治理需要确保决策的科学性和效率，以应对市场的变化和挑战。公司应通过合理的权力分配和决策程序降低决策风险，提高竞争力和适应能力。

（3）维护利益相关者的合法权益。除了股东利益，公司治理还需要关注利益相关者的合法权益。公司应通过有效的治理机制确保员工、债权人、客户、供应商等利益相关者的权益得到保障。

（4）确保公司行为符合法律法规和社会道德规范。公司治理的另一重要目标是确保公司的行为符合法律法规和社会道德规范。公司应积极履行社会责任，维护公共利益，避免违法违规行为对自身的声誉和长期发展造成影响。

2. 公司治理的主要原则

（1）股东权利保护。公司治理应确保股东权利得到充分保护。股东应享有平等的权利，这些权利包括但不限于投票权、知情权、参与权等。同时，公司应建立有效的机制来防范和纠正大股东对中小股东的权益侵占。

（2）股东平等对待。公司应平等对待所有股东，遵循公平、公正的原则。所有股东都应按照相同的规则和程序参与公司的决策和管理，禁止对特定股东进行歧视或偏袒。

（3）董事会责任。董事会作为公司的决策机构，应承担起制定公司战略、监督经理层、保障股东和其他利益相关者权益的责任。董事会成员应具备相应的专业知识和经验，能够为公司提供战略指导和管理支持。

（4）信息披露透明。公司应建立健全的信息披露制度，确保信息真实、准确、完整和及时披露。信息披露是保障投资者权益、维护市场公平和透明的重要手段。

（5）利益相关者参与。公司治理应积极吸纳利益相关者参与，保障其合法权益。公司应通过建立有效的沟通机制和合作平台，加强与利益相关者的合作和互动，推动自身的可持续发展。

（6）公司社会责任。公司应积极履行社会责任，关注环境保护、公益事业等方面。公司应通过承担社会责任提升形象和声誉，以及竞争力和市场地位。

（7）内部控制有效性。公司应建立健全的内部控制体系，确保各项业务和管理活动的合规性和风险可控性。内部控制是预防和纠正错误、舞弊行为的重要机制，有助于保障公司的资产安全和财务报告质量。

（8）风险管理有效性。公司应建立完善的风险管理体系，识别、评估和控制各类风险。风险管理是保障公司稳定发展的重要手段，有助于减少意外事件对公司经营和财务状况的影响。

总体来说，公司治理的目标和原则是相辅相成的。为实现增加股东价值、确保公司决策的科学性和效率、维护利益相关者的合法权益等目标，公司应遵循股东权利保护、股东平等对待、董事会责任、信息披露透明等原则，同时通过利益相关者参与、公司社会责任、内部控制有效性和风险管理有效性等原则的落实，进一步促进公司治理水平的提升。有效的公司治理是保障公司长期稳定发展的关键因素之一，对于维护市场秩序、保护投资者权益和推动社会经济的可持续发展具有重要意义。

三、公司治理的组织结构

公司治理的组织结构是确保公司进行有效管理和监督的关键，涵盖了股东大会、董事会、监事会、经理层、外部审计机构、风险管理部门、薪酬委员会和投资委员会等主要组成部分。

1. 股东大会

股东大会是公司的最高权力机构，由公司全体股东组成。股东大会负责审议和批准公司的重大事项，例如选举董事会成员、审议公司财务报告、批准公司战略计划等。股东大会为股东提供了一个参与公司决策的平台，是公司治理的源头。

2. 董事会

董事会是公司的决策机构，负责制定公司战略、监督经理层、保障股东和其他利益相关者的权益。董事会由董事组成，董事由股东大会选举产生。董事会主席通常由董事会选举产生，负责主持董事会会议和履行董事会职责。

3. 监事会

监事会是公司的监督机构，负责对董事会和经理层进行监督，确保公司决策的科学性和公正性。监事会由监事组成，监事由股东大会选举产生。监事会主席负责主持监事会会议和履行监事会职责。

4. 经理层

经理层是公司的日常经营管理者，由高级管理人员和部门经理组成，负责执行董事会的决策和监督公司的运营。

5. 外部审计机构

外部审计机构是由股东大会聘请的独立第三方机构，负责对公司的财务报告进行审计和审核，确保其真实、准确和完整。外部审计机构向股东大会报告工作，有助于保护股东的权益和公司的声誉。

6. 风险管理部门

风险管理部门负责公司的风险管理和内部控制，识别、评估和控制公司面临的各种风险，确保公司的经营和财务状况稳定可控。风险管理部门向董事会报告工作，并为经理层提供支持和建议。

7. 薪酬委员会

薪酬委员会负责制定和监督公司高管薪酬政策，制定薪酬计划、激励措施和奖励机制，以确保公司高管的薪酬与公司业绩和股东利益一致。薪酬委员会向董事会报告工作。

8. 投资委员会

投资委员会负责公司的投资决策和资产管理，制定投资策略、评估投资机会和监督投资活动，以确保公司的投资决策符合公司的战略目标和股东的利益。投资委员会向董事会报告工作。

总体来说，公司治理的组织结构是由多个相互关联的组成部分构成的。各组成部分具有明确的职责，共同促进公司的稳定发展和保障股东及其他利益相关者的权益。健全的公司治理组织结构可以帮助公司提高透明度、降低代理成本、增强抗风险能力，从而提升长期价值和竞争力。

商业知识

科斯提出"交易费用"概念

科斯是新制度经济学的鼻祖，美国芝加哥大学教授、芝加哥经济学派代表人物之一，1991 年诺贝尔经济学奖的获得者。

科斯对经济学的贡献主要体现在他的两篇代表作《企业的性质》和《社会成本问题》之中，科斯首次创造性地通过提出"交易费用"来解释企业存在的原因以及企业扩展的边界问题。他在 1937 年发表《企业的性质》，该文独辟蹊径地讨论了产业企业存在的原因及其扩展规模的界限问题，科斯创造了"交易成本"（Transaction Costs）这一重要的范畴来对其予以解释。另一篇著名论文《社会成本问题》是 1960 年发表的，该文重新研究了交易成本为零时合约行为的特征，批评了庇古关于"外部性"问题的补偿原则（政府干预），并论证了在产权明确的前提下，市场交易即使在出现社会成本（即外部性）的场合也同样有效。

1. 交易费用理论

《企业的性质》指出，利用价格机制是有成本的。通过价格机制组织生产的最明显成本就是所有发现相对价格的工作。市场上发生的每一笔交易的谈判和签约的费用也必须考虑在内。

科斯认为，谈判、协商、签约等都有一定的费用，这就是交易费用。

2. 交易费用的决定因素

科斯赋予"交易"稀缺性，或者说认识到交易活动的稀缺性。科斯对交易费用稀缺性的认识使分析"交易费用产生的原因"有了基础，但是科斯并没有明确指出稀缺就是产生交易费用的根源。他只是从事实出发，赋予交易稀缺性，从而把交易作为制度经济学的基本分析单位，但并未分析其产生原因。

（1）交易因素：尤其指市场交易的不确定性和潜在交易对手的数量及交易的技术结构——交易物品的技术特性，包括资产专用性程度、交易频率等。

（2）人的因素：机会主义和有限理性。科斯指出，机会主义行为、市场不确定性、小数目谈判及资产专用性的存在都会使市场交易费用提高。机会主义行为是指人们随机应变，投机取巧，以使自身利益最大化的行为倾向。有限理性是指人的理性处于完全理性和完全非理性之间。

3. 交易费用概念的提出

交易费用概念的提出是经济学发展中的一次重大突破，有重要的理论和现实意义。

第一，交易费用概念的提出打破了经济学中长期以来的传统教条，使经济学研究更加接近现实。在传统经济学中，经济运行是没有交易费用的，传统经济学世界就是一个没有摩擦力的世界。这种假设本身就脱离了实际，而长期以来的研究中，经济学越来越形式化，与现实的距离越来越远，越来越缺乏对现实的解释能力和指导能力。在科斯的经济学世界里，经济运行是有交易费用的。正是在此前提下，科斯分析了企业产生的原因及市场运行的不完全性，从而使他的经济学世界成为一个真实的世界。

第二，交易费用概念的提出对新制度经济学的产生和发展具有重要的意义。正是因为掌握了交易费用这个有力的分析工具，经济学才能够第一次真正利用其方法研究制度的运行与演变，从而与制度学派的社会的、心理的、伦理的分析方法区别开来，使制度分析真正被纳入经济分析之中。也正是由于有了交易费用这个有力的分析工具，新制度经济学才得以在一个坚实的逻辑起点上构建制度分析的研究体系，从而成为正统经济学的构成内容之一。

第三，交易费用概念的提出为经济学的发展拓宽了空间，开辟了新的研究领域。交易费用的提出及其一般化，使经济学第一次深刻地认识到，制度不是经济运行的一个外生变量，而是内生于经济运行本身的，从而使制度成为经济学的研究对象。于是，制度不再仅仅是经济研究的外在前提，而成为经济学的研究内容之一。进一步说，交易费用概念的提出使制度成为经济学的研究对象，有力地遏制了经济学研究的形式化倾向，使经济学研究更加现实，这在一定程度上恢复了政治经济学固有的传统，使政治经济学焕发了生机。

第2节　贸易文化

一、等价交换原则

何为等价交换？按照马克思的解释，等价交换是指相互交换的商品的价值量相等。商品的价值量等于生产商品所耗费的社会必要劳动时间。作为一种理论分析，这种逻辑无懈可击；可在现实中，生产者并不知道各自的社会必要劳动时间是多少。通常的情形是交换双方通过讨价还价达成交换。事实上，这种自由协商达成的交换即为等价交换。

自由市场经济的核心在于等价交换原则，这一原则确保了市场交易的公平性和效率。

等价交换原则的主要内容体现在以下几个方面。

（1）等价交换的首要条件是自愿交换。在自由市场中，交易双方在法律允许的范围内自愿决定是否进行交易，没有任何强制或外部干预。自愿交换确保了市场交易的自主性和灵活性，使得资源能够根据市场需求自由流动，达到最优配置。

（2）信息透明是等价交换的另一个重要条件。在自由市场中，交易双方应具备充分的信息，了解商品或服务的价格、品质等方面的真实信息。信息透明有助于减少信息不对称，使交易双方在平等的地位上进行谈判和决策，避免欺诈和误导行为。

（3）等价交换原则要求交易双方在价值上达到均衡。这意味着商品或服务的价格应反映其内在价值，不受外部干预或操纵。价值均衡保证了市场交易的公平性和合理性，避免了价格扭曲和资源浪费。

（4）公平竞争是等价交换原则的重要支撑。在自由市场中，所有参与者在法律和规则的框架内进行竞争，不受歧视或排斥。公平竞争促进了市场创新，鼓励企业提高产品质量和服务水平，为消费者提供更多选择和价值。

（5）诚信交易是等价交换原则的道德基础。在自由市场中，交易双方应遵循诚实守信的原则履行合同约定，不进行欺诈或避免不正当获利。诚信交易有助于建立市场信任和声誉机制，降低交易成本，促进市场的长期稳定发展。

总体来说，等价交换原则确保了市场交易的公平性、效率和可持续性。通过对自愿交换、信息透明、价值均衡、公平竞争和诚信交易等方面的要求，等价交换原则促进了市场经济的健康发展，实现了资源的最优配置和社会福利的最大化。在实践中，政府应当维护市场秩序，确保公平竞争，注重对合法权益的保护，以促进自由市场的良性运行。

二、贸易运行的原则

1. 诚实守信原则

诚实守信原则指经营者在市场交易中应该保持善意、诚实和恪守诺言，简称诚信原则。诚实守信既是道德规范，又是法律（民法）规则。诚实守信，从低层次来讲就是"童叟无欺"，以义取利，以信为利，提倡"诚笃不欺人"；从高层次来讲，就是"重合同，守信誉"。

2. 商品自愿让渡原则

商品自愿让渡原则是指商品交换双方按照各自意愿支配自己的商品，是贸易运行主体必须遵循的一条重要准则。商品所有者出售自己的商品，取得商品应有的交换价值；货币所有者支出货币，购买等价商品，取得商品的使用价值，双方各取所需。贸易运行主体都是平等的商品生产者和经营者，买者有权决定购买条件，卖者有权决定售卖条件。商品交换双方通过自主选择和平等协商来完成各种买卖行为，而不允许用超经济的力量强制别人购买自己的商品或强行购买别人的商品。

3. 节约时间原则

节约时间原则要求尽可能地缩短商品交易的时间，使商品快进快出。因为时间的长短反映着商品交易速度的快慢和经济效益与效率的高低。

从宏观经济的角度来看，商品交易时间越短，若其他条件不变，则生产时间越长，生产的商品越多，进而增加社会总价值；从微观经济的角度来看，商品交易时间越短，在其他条件不变的情况下，贸易主体投入的商品资本和人力资本周转速度越快，就可以带来较多的货币增值。同时，由于商品的使用价值在经过一段时间后会产生有形的损耗或无形的损耗乃至自然消失，这也要求商品交易时间越短越好。

4. 公平竞争原则

竞争是一种调节与激励机制，可以促进贸易主体素质的提高，有利于市场的繁荣，降低费用和节约劳动力，提高流通领域的经济效益，使消费者的需求得到满足，利益得到有效的保护。然而竞争必须遵循一定的准则，无序的竞争不仅无助于社会的进步和财富的增加，甚至会对社会财富造成极大的浪费。因此贸易主体应该遵循公平竞争原则。

公平竞争是指贸易主体的竞争机会平等，竞争规则公正，竞争过程透明，竞争结果有效，并且竞争手段合法，符合市场经济规范。公平竞争要求任何贸易主体在法律和政策面前都处于平等地位，都有参与贸易竞争的机会，都有自主选择参与贸易竞争的权利；竞争规则人所共知，对每个参与竞争的主体都具有同等效力；竞争在公开状态下进行，不应有内部交易或操纵；同时，贸易主体承认和接受竞争的最终结果，承担相应的义务；各种竞争手段和行为符合法规、政策、规则和社会公众利益的要求。

5. 合理流向原则

商品流向是指商品在流通领域中从产地到销地的运行空间和方向。商品的产地与销地既然存在着一定的空间距离，商品在流通过程中就存在选择何种流向的问题。所谓商品合理流向，是指商品从产地到销地客观存在的能确保路线最短、速度最快、费用最低的流动方向。商品合理流向不仅要符合从生产到消费的运行目标，而且还应该使商品在流通过程中避免运行路线的迂回或对流。贸易运行过程符合合理流向原则，有助于商品资源被充分利用，有助于在提高主体经济效益的基础上满足社会成员的多种需要。

6. 利润最大化原则

利润最大化原则要求在贸易运行过程中，贸易运行主体通过商品的购进、运输、储存、销售等商品经营活动，得到最大利润。最大限度地实现经营者的利益能够为贸易运行的连续性提供基础与动力。

延伸阅读

中国加入世界贸易组织

中国自改革开放以来，特别是 1992 年提出建设社会主义市场经济体制以来，经济实力明显增强，在诸多领域已具备了参与国际分工与竞争的能力，但因长期被排斥在世界多边贸易体系之外，不得不依靠双边磋商和协议来协调对外经贸关系，这使国内企业和产品在进入国际市场时受到了许多不公正待遇。加入世界贸易组织后，中国不仅有分享经济全球化成果的权利，还能够参与制定有关规则，在建立国际经济新秩序中把握主动权，并且可以利用世界贸易组织争端解决机制在国际贸易战中占据有利地位。同时，世界贸易组织也需要中国。中国作为世界上最大的发展中国家，经济总量和进出口总值均

微课：中国加入WTO

居世界前列，吸收外资规模连续多年居发展中国家之首。其中，中国与世界贸易组织成员间的贸易额占中国外贸总额的90%。

2001年12月11日，中国正式加入世界贸易组织，这是我国改革开放和社会主义现代化建设进程中的一个重要里程碑。20多年来，中国不断扩大开放，激活了中国发展的澎湃春潮，也激活了世界经济的一池春水。

1. 中国加入世界贸易组织的重大意义

（1）深刻改变了中国与世界经济体系的关系

加入世界贸易组织深刻改变了中国与世界经济体系的关系，使中国能够充分发挥自身的比较优势，深入参与国际分工体系，迅速发展成为世界上最重要的贸易投资大国；为中国参与全球经济治理提供了更好的条件，使中国的国际影响力持续上升；有力促进了中国经济体制改革，激发了市场主体活力，释放了经济发展潜力。

（2）有力促进了中国在全球经济体系中地位的提升

加入世界贸易组织后，中国可以享受世界贸易组织成员的权利，更好地享受国际贸易投资自由化、便利化的制度成果。这为中国创造了更加稳定、透明、可预期的国际经贸环境，国内外投资者对中国参与国际分工、加强对外经贸合作的信心明显增强。中国充分发挥自身优势，深度融入世界分工体系，在全球经济体系中的地位持续提升。

（3）实现了改革与开放相互促进

15年入关/入世谈判的过程，也是中国不断深化改革的过程。正是因为不断深化改革，中国才能够有效应对市场开放的冲击，并将开放的压力转化为市场活力和不断增强的国际竞争力。加入世界贸易组织后，中国全面遵守和执行世界贸易组织规则，着力构建并完善符合多边经贸规则的市场经济法律法规，激发了市场和社会活力。中国取消非关税壁垒，大幅度降低关税水平，国内市场的竞争水平大大提高。可以说，加入世界贸易组织是中国改革与开放相互促进的一个经典案例。

（4）为中国参与全球经济治理掀开了新的一页

20多年来，中国积极参与全球经济治理体系改革与规则制定，积极参加多哈回合谈判，为《贸易便利化协定》《信息技术协定》扩容谈判的成功做出了重要贡献。加入世界贸易组织谈判基本结束后，中国及时启动区域贸易安排。2000年11月，中国倡议建立中国—东盟自由贸易区。到2020年底，中国已经与26个国家和地区签署了19个自贸协定。2013年，中国提出的"一带一路"倡议得到了170多个国家（地区）和国际组织的积极响应。中国还积极参加G20等全球经济治理平台，提出了世界贸易组织改革的中国方案。中国在多边、区域和双边等多个层次上致力于推动建设开放型世界经济，在全球经济治理体系中的地位不断上升。

（5）进一步完善了世界经济体系

没有14亿多中国人民的参与，世界贸易组织是极不完整的。中国加入世界贸易组织后，多边经贸规则覆盖面大大拓展，全球产业链供应链更加完整，中国对世界经济增长的贡献连续多年达到 30% 左右。可见，中国加入世界贸易组织也是经济全球化进程的一个重要里程碑。

2. 中国加入世界贸易组织的经验与启示

（1）始终坚持党对开放事业的坚强领导，与时俱进完善开放战略

我国之所以能够在经济全球化进程中趋利避害，根本原因在于始终坚持党对开放事业的坚强领导。在入世谈判过程中，党中央审时度势，果断决策，克服障碍，达成协定。加入世界贸易组织后，在党中央的坚强领导下，我国兑现承诺、深化改革，实现了经济贸易的蓬勃发展。当今世界正经历百年未有之大变局，中华民族伟大复兴正处于关键时期。我们必须坚持党的领导，实行更加积极主动的开放战略，不断提高开放水平，持续增强我国国际经济合作和竞争新优势。

（2）践行开放发展理念，坚持扩大开放不动摇

改革开放以来，特别是加入世界贸易组织后，我国牢牢把握战略机遇期，充分发挥比较优势，综合国力迅速增强，全球影响力大幅提升。开放是国家繁荣发展的必由之路。党中央把开放发展作为新发展理念的重要组成部分，开放在党和国家事业中的地位空前提高。在全面建设社会主义现代化国家新征程上，我们必须坚持开放不动摇，更加自信自觉地提高开放水平。

（3）牢固树立规则意识，坚持推进制度型开放

加入世界贸易组织后，我国高度尊重世界贸易组织规则，全面履行入世承诺。作为最大的发展中国家和世界第二大经济体，我国展现大国担当，带头做多边经贸规则的遵守者、维护者、建设者，积极参与全球经济治理体系改革，在改革完善国际经贸规则中贡献中国方案。同时，我国坚持推进制度型开放，加快构建开放型经济新体制。

（4）形成更大范围、更宽领域、更深层次的对外开放新格局

当前，国际格局深刻演变，新技术革命突飞猛进，绿色低碳转型加速推进，全球经济治理加速调整，规则主导权之争更加激烈。我国在比较优势上发生深刻变化，需要更加有效地利用国内国际创新资源，打造参与国际合作和竞争新优势。面对新形势新任务，我们要善于在危机中育先机、于变局中开新局，推动形成更大范围、更宽领域、更深层次的对外开放新格局。

（5）在构建新发展格局中不断提高开放水平

构建新发展格局，需要同步推进深化改革与扩大开放，实现改革与开放的相互配合、相互促进。坚持以供给侧结构性改革为主线，推进科技自立自强。以"放管服"改革为重点，持续优化营商环境，建设国内统一大市场，畅通经济循环。以高水平开放为引领，

加强引资引技引才，整合全球创新资源，增进中外利益融合，破解技术遏制和规则围堵，解决供应链"卡脖子"问题，增强产业链韧性，实现内外循环在更高水平上的相互促进。

（6）培育国际合作和竞争新优势

牢牢把握数字化转型和绿色低碳转型带来的战略机遇，加快形成我国新兴产业的国际竞争新优势。以信息技术赋能传统产业，以智能制造改造劳动密集型产业，保持我国传统出口产品的国际竞争力。扩大服务业对外开放，大力发展数字服务贸易。加强知识产权保护，增强资本技术密集产业的国际竞争力。支持企业"走出去"整合两个市场、两种资源，打造具有较强国际竞争力的中资跨国公司。

（7）对标高水平国际经贸规则，构建开放型经济新体制

准确把握全球经济规则走向，对标高水平国际经贸规则，持续推进贸易投资自由化便利化，持续优化营商环境，增强对外经贸政策的稳定性、透明度和可预期性。充分发挥自贸试验区（自贸港）先行先试作用，积极推进高水平开放压力测试，探索数据有序跨境流动的精准监管模式，及时总结经验、复制推广。完善高效协调的对外投资管理服务体制，有效维护海外利益。

（8）培育良好的国际经贸环境

大力培养高层次国际经贸人才，创新国际经贸理论与方法，增强议题设置能力、对外谈判能力、国际沟通能力。提高国际传播能力，讲好中国故事。积极参与全球经济治理体系改革，坚定维护多边体制权威性，共同推进世界贸易组织改革，积极参与国际经贸新规则谈判。深化国际发展合作，扎实推进共建"一带一路"高质量发展，加快落实联合国2030年可持续发展议程，推动构建人类命运共同体。

思考： 谈谈中国经济融入世界经济体系的重要作用，以及当前的经济形势下，中国应该如何进一步深化改革、不断开放，更好地利用好世界大市场。

第3节　税制文化

一、税收的定义和特征

1. 税收的定义

税收是国家为了满足社会公共需要，凭借公共权力，按照法律所规定的标准和程序，参与国民收入分配，强制地、无偿地取得财政收入的一种方式。

税收的本质是"取之于民、用之于民、造福于民"。这意味着税收是国家为了满足社会公共需要而向人民征收的收入，最终用于提供公共产品和服务，造福人民。

2. 税收的特征

税收的依据是法律。政府通过制定税收法律法规，明确税收的征收对象、范围、标准、程序等，以确保税收征收的合法性和规范性。税收具有以下几个主要特征。

（1）税收的强制性

税收是国家以社会管理者的身份凭借政权力量、依据政治权力对一部分社会产品进行的分配。税收的强制性有两方面的含义：一方面，纳税人必须按照税法规定履行纳税义务，不得拒绝纳税；另一方面，国家可以凭借政治权力强制征税，纳税人必须服从。税收的强制性是税收作为一种财政收入形式所固有的基本属性，是税收本质的体现。

（2）税收的无偿性

国家征税后，纳税人所缴纳的税款所有权无条件地归国家所有，而国家并不直接给予纳税人以任何形式的回馈或报酬。税收的无偿性也是税收本质的体现。在历史上，随着商品经济的发展，税收的无偿性逐渐得到承认。在社会主义制度下，国家代表了全民的利益和长远利益，税收"取之于民、用之于民、造福于民"，税收的无偿性在国家财政支出中得到了体现。

（3）税收的公平性

税收的公平性指国家征税应使各个纳税人承受的负担与其经济状况相适应，并使各个纳税人的负担水平保持均衡。税收公平原则是构建税收制度的首要准则，它要求建立较为公平合理的税收制度和政策。在现代社会中，税收公平原则已经成为各国税法的核心内容之一。在实践中，税收公平性的实现受到多种因素的影响，如政治、经济、文化等。因此，政府需要通过科学的税制设计和严格的税收征管确保税收公平原则的体现。

图：依法纳税

二、税收的作用

1. 筹集财政收入

税收是政府财政收入的主要来源，通过向纳税人征税，政府可以获得大量的财政收入。这些财政收入被用于提供公共产品和服务，满足社会公共需求。筹集财政收入是税收最基本的作用，它为政府实施各项职能提供了必要的财力支持。

2. 经济调节

税收可以发挥经济调节的作用，政府通过对不同产业、不同地区、不同收入群体实施不同的税收政策，可以调节经济活动和资源配置。例如，对高污染、高耗能产业征收较高的税，可以抑制其对环境的负面影响。

3. 社会管理

税收作为国家的重要分配手段，也承担着重要的社会管理职能。通过税收法律法规的制定和执行，政府可以对社会经济活动进行规范和管理。例如，个人所得税的征收可以调节收入分配，缩小贫富差距；企业所得税的征收可以促进企业规范经营，提高经济效益。

4. 资源配置

税收的资源配置作用主要体现在对资源使用和开发的调节上。通过税收政策，政府可以对资源使用和开发进行引导和调控。例如，对可再生能源和清洁能源实施税收优惠政策，可以促进这些产业的发展，优化资源配置。

5. 宏观调控

税收是政府宏观调控的重要工具之一。通过调整税率、税基和税收政策，政府可以调节经济总需求和总供给，实现经济增长、物价稳定、就业增加等宏观经济目标。例如，在经济过热时，政府可以采取增加税收等措施来抑制通货膨胀；在经济衰退时，政府可以采取减税等措施来刺激经济增长。

综上所述，征税是政府从社会中收取一部分收入用于提供公共产品和服务的行为。政府通过制定和执行税收法律法规，实现税收的征收和管理，确保税收的合理使用。税收的本质是"取之于民、用之于民、造福于民"，其目的是实现国家的职能和满足社会的共同需要。合理有效的税收政策和制度可以促进国家经济发展、社会稳定和公共福利的提升。

知识窗口

马太效应

马太效应是一个由社会学家罗伯特·K.默顿于20世纪中期提出的概念。它描述了一种常见的社会心理现象，即优势往往会产生更多的优势。老子的《道德经》第七十七章也有类似的表述："天之道，损有余而补不足。人之道，则不然，损不足以奉有余。"马太效应也被用于概括教育、经济、政治等领域的相关社会现象，即已经处于优势地位的个体会因此获得更多的优势，而处于劣势地位的个体则会因此变得更具劣势。

在经济领域，马太效应表现为拥有财富的个体可以利用其资源来获取更多投资和机会，而贫困个体可能会因缺乏起步资本而更加难以脱离贫困，即"富人越来越富，而穷人越来越穷"的现象。

在市场竞争中，大公司庞大的规模和丰富的资源通常使它们能够以比竞争对手更低的单位成本生产或购买商品，并以更低的价格出售商品，必要时甚至可以亏本出售，从而将竞争对手挤出市场，并接管他们的市场份额。

在金融市场中，拥有更多资金的个人或机构可以更容易地进行投资，并获得更高的回报。这种情况会导致资金不断集中在少数人手中，其他人则难以享受到相似的投资回报。

在税收领域，主要惠及高收入群体的累退税和减税至少在短期内具有向上重新分配财富和收入的效果，造成了高收入群体和低收入群体之间日益扩大的差距，引发了相对的马太效应。

1. 马太效应的价值

（1）解释社会现象

马太效应提供了一个简洁而有效的框架，可以解释贫富差距扩大以及社会不平等持续存在的原因。它强调了累积效应和正反馈循环的重要性。

（2）为政策制定提供参考

认识到马太效应存在有助于政策制定者更好地理解贫困和不平等的根本原因，从而提供制定针对性政策的基础。

（3）提供经济动力

在一定程度上，马太效应可以鼓励个体积极努力，因为成功的人将获得更多的回报，这也可以为经济体系的发展提供动力。

（4）提醒社会关注不平等问题

马太效应的存在可以引起社会对贫富差距的关注，从而推动相关研究和讨论，促使人们更加关心社会正义和公平。

2. 马太效应的局限性

（1）忽略了个体差异

马太效应过于概化，忽视了个体差异。并非所有富人都能持续保持财富增长，也并非所有贫困者都无法脱离困境。

（2）忽略了外部因素

马太效应可能会忽视一些外部因素对个体经济地位的影响，比如偶然事件、政策干预等。

（3）隐含社会不变性假设

马太效应假设社会结构和制度基本保持不变，但实际上，社会和经济环境是动态变化的，这会对马太效应的稳定性产生影响。

总体来说，马太效应是一个有用的理论工具，可以帮助我们理解贫富差距的形成和演变，但我们在运用马太效应时应结合具体情况，避免过度概括。此外，马太效应提示我们，由于现实中存在初始状态的不平等，仅仅保证机会公平是不够的，政策制定者在进行资源分配时，应当结合个体和群体差异给予其不同程度的支持，如为处于劣势地位的群体提供更多资源，以避免因先天条件的不平等造成后天贫富差距的进一步扩大，这样才能最终实现社会公平。

✳ 思考

谈谈你在生活中看到的体现马太效应的案例。

第4节　商业竞争文化

企业只有在庞大的市场中具备满足市场需求的能力，在选择与反馈中形成与客户群体的良性互动，不断寻找商机、发现潜能，才能在城市商业发展的洪流中占据一席之地。

有一句老话叫"商场如战场"，这个类比简单地表现了商业竞争和战争之间有着共同的特性和发展规律。商战无处不在，竞争日益升级。

一、战争论与商业竞争

战争论对商业活动的启发主要表现在以下几个方面。

1. 优势集聚法则

兵力上的优势是最普遍的制胜因素，尤其是当双方处于均势的情况下。数量上的优势既包括空间上的兵力集中，也包括时间上的兵力集中。战略上最简单而最重要，但又往往做不到的就是"集中兵力"。在商业竞争领域的优势集聚表现为以下两个方面。

（1）资源总量。巨头们拥有更多的资源和人力，能够负担更多的宣传费用和门店租金，所以在大部分情况下都可以轻松抗衡小企业。

（2）市场份额。资源总量造就了一个企业的市场地位，也决定了其占有市场的比例。市场份额让企业得以积累更多的财富，并将其用在巩固取得的成功上，形成"穷者越穷，富者越富"的循环。

2. 防御法则

防御就其作战形式本身而言，比进攻强。要想成功进攻的话，应该在进攻地点至少投入多于敌方3倍的兵力，形成一个精心布置的防御阵地——固若金汤、难以攻克。

在商战中，胜利的果实往往会带来稳固的地位，居于领先的优势地位就很难轻易被推倒。在商业进攻战中，运输不通畅不成问题，瓶颈是信息的传递。让上百万的消费者知道销售信息，要花几个月甚至几年的时间。这样防御方就有足够的时间以不同的形式阻碍进攻方传递销售信息，被"奇袭"之前就有大量的预警信号。"奇袭"的难度很大，但是很多企业有着盲目的英雄主义，往往会头破血流。

总之，战争论对于商业活动的启发是多方面的，涉及竞争意识、战略规划、资源整合、风险管理、创新与变革、团队协作以及领导力与执行力等。企业可以从中汲取智慧和经验，不断提高自身的竞争力和应对市场变化的能力。在制定战略时，企业还需要考虑战术的重要性。克劳塞维茨认为，战术是战略的基础，优秀的战术细节可以影响战略布局。同样，在商战中，企业需要找到有效的战术，并将其发展成战略。同时，战略和战术应该形成"连续统一体"，使得企业的行动能够天衣无缝地适应其战略目标。

📖 **商业故事**

自强不息，中华有为——华为

任正非作为华为的创始人和领导者，以其卓越的领导力和非凡的战略眼光赢得了人们的尊重。他的领导风格、创新思维以及他对人才和技术的重视都是华为取得成功的重要因素。这位颇具传奇色彩的人物带领华为发展的历程如下。

1. 1987年，任正非在深圳成立华为，开始从事计算机模拟软件研发业务。

2. 20世纪90年代初，华为开始进入电信设备行业，开发生产传输设备、交换设备、无线通信设备等产品，其产品在国内外市场都有了广泛的应用。

3. 21世纪初，华为开始在国际市场上扩展业务，逐步进入欧洲、亚太等地，发展迅速。此时任正非已经成为行业的领袖人物之一。

4. 21世纪头10年，华为进一步挑战行业巨头，成为全球领先的电信设备厂商之一。华为手机业务也逐渐成为中国手机市场的领导者，并向国际市场拓展。

5. 2018年，美国政府开始宣布禁止美国企业向华为出售关键技术和组件，华为遭遇前所未有的压力。

6. 2020年至今，华为继续在全球拓展业务，但同时面临着新的挑战和机遇，如推进自主研发芯片等。华为在芯片和手机制造领域相继取得重大突破，其自研芯片能力不断提升。华为不断推出多款搭载自研芯片的手机产品，实现了从芯片设计到手机制造的全链条自主可控。

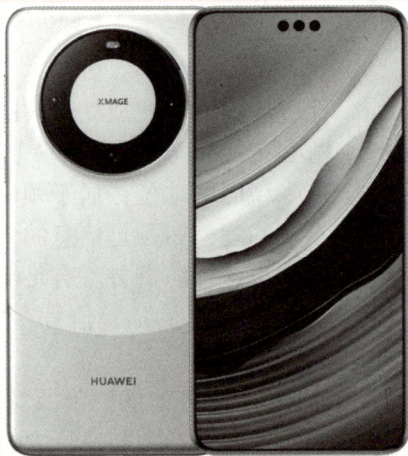

图：华为手机

总体来说，任正非通过不断创新和积极进取的精神，带领华为一步步发展壮大，成为全球知名的通信设备和智能手机制造商之一，而他也成为中国企业家们的楷模和榜样。任正非在华为的发展中发挥着至关重要的作用。他不仅在组建团队、制定战略、管理公司等方面具有非常出众的能力，还注重人才培养和企业文化建设，致力于打造一支高素质的员工队伍，为公司的长远发展奠定了坚实基础。

思考： 华为打破欧美国家的芯片封锁，自研并推出自己的新款手机，这反映了中国公司什么样的精神气质和优秀品质？

二、博弈论与商业竞争

博弈论亦称对策论或游戏理论，主要研究在特定情境下，理性个体或团队如何通过策略选择以最大化其利益。它不仅是一种数学理论，更是一种理解和分析复杂决策过程的工具。从国际关系到商业竞争，从日常生活中的简单选择到高度复杂的战略游戏，博弈论都发挥着不可或缺的作用。

博弈论思想古已有之，中国古代的《孙子兵法》等著作就不仅是一部军事著作，而且算是最早的一部博弈论著作。博弈论最初主要研究象棋、桥牌、赌博中的胜负问题，人们对博弈局势的把握只停留在经验上，没有向理论化发展。

博弈论的核心在于"策略选择"。在一场博弈中，每个参与者都有一个可选的策略集合，并根据对手可能采取的策略来选择自己的最优策略。这些策略不仅影响参与者自己的收益，也影响其他参与者的收益。因此，博弈论关注的是在相互依赖的决策环境中，如何做出最优决策。

三、竞合理论与商业文化

竞合理论强调竞争与合作同时进行，克服了传统企业战略过分强调竞争的弊端，强调战略制定的互动性和系统性，为企业战略管理理论研究提供了新的分析工具。

竞合理论的核心逻辑是共赢性，管理者要将传统的企业间非赢即输、针锋相对的关系转变为更具合作性、共谋更大利益的战略合作伙伴关系。身处多元化的竞合时代，企业必须在竞争的基础上学会合作，更多地考虑如何处理好竞争与合作的关系，为自身的发展营造良好的内外部环境。在商业交往中，企业应树立优势互补、友好协作的观念和思想。

新型企业没有明确的界线划分，通过建立联系实现互利、创造价值。竞合战略能够改变企业的外部关系，也将改变企业的内部关系和工作流程。竞合战略是把竞争战略与合作战略相结合，使企业获得成功的游戏规则，通过合作将蛋糕做大，通过竞争将其分割，而不是让企业陷入你赢他输或相互挫败的格局。

同时，管理者也要正视竞合战略可能给企业带来的风险和挑战，合理协调和处理竞合关系中潜在的冲突性、知识外溢的可能性及管理的复杂性，根据实际情况有效地管理和平衡竞合关系。

第八章
新时代的商业文化

8

现代经济学将商业行为抽象为唯一的由经济理性目标主导的叙事体系，这是脱离现实的错误判断。企业是一种组织，在现实的经济活动中，没有一个组织能够独立存在，每个组织都是社会的一个"器官"，而且也是为了社会而存在的。

中国式现代化新道路创造了人类文明新形态，而商业文明是人类文明的重要组成部分，中国式现代化需要与之相匹配的商业文明，而商业文明新形态的形成和发展将助推中国式现代化全面实现。

商业既是一种经济活动，也是一种文化活动，不同的文化孕育出了不同的商业文明。以儒家传统伦理精神为核心的中华商业文明在传统社会中发挥着促进商业进步和发展的作用，为规范商业活动提供了伦理基础，促进了整个社会的安定与繁荣。儒家所倡导的"以义导利"的商业伦理观与现代市场经济仍然有着很强的契合性。

学习目标

知识目标	了解家族制管理的制度设计，了解数智时代的商业文化特征，理解新时代创业精神与企业家精神的内核，了解以人为本的商业文化。
能力目标	能够运用商业文化的基本理论分析和解决商业实践中的问题，具备一定的商业文化素养和商业创新能力。
素养目标	激发学生对商业的兴趣，培养学生从商业视角解析问题的能力，以帮助学生在未来的职业生涯中取得成功。

案例导入

比亚迪以人为本的管理理念

作为比亚迪的创始人，王传福将比亚迪从一个默默无闻的小公司发展成如今的汽车商业帝国。他在管理比亚迪的过程中一直坚持以人为本的管理理念，强调达到无为而治，充分发挥人的主动性和积极性。

他认为，人力资源是最宝贵的资源。企业应当以人为核心，做好人才管理。而践行以人为本的管理理念，需要做到以下 3 点。

1. 尊重人才

比亚迪一直有着尊重人才的传统，这让员工对公司有信赖感、归属感。

首先，要给予员工更多的报酬和福利。在比亚迪，员工有专门的宿舍、超市、球场等。基础设施齐全让员工可以更加安心地工作。

其次，要尊重员工的价值与个性。在比亚迪，很多员工都是工程师，对于这些员工，比亚迪不仅给予高薪，还培养其企业精神，让他们对企业文化产生认同。很多员工理论功底扎实，但缺乏实操经验，比亚迪会鼓励他们自学相关知识。

2. 给下属机会

比亚迪的很多员工都是刚毕业的大学生，缺乏足够的社会经验。王传福认为，这些员工都是有激情和抱负的，所以他要给予他们更多的机会。在比亚迪，即使是新人也有机会接触重要业务。对于员工，比亚迪一直努力为他们创造更多的平台。

在业务方面，比亚迪涵盖多个领域，为员工提供了多个赛道。比亚迪在开拓业务方面投入了大量资本，哪怕短期没有利润，也会坚持投入资本。为了让员工获得成长，比亚迪还会定期组织各种会议，让员工进修学习。

3. 员工自我管理

王传福曾经说过，最难的事情就是让员工发挥主动性，所以比亚迪的企业文化就是让员工自律地工作，更加积极主动。员工并不是机械的螺丝钉，每一个员工都独具个性，而比亚迪的发展依赖每一个员工的智慧。比亚迪鼓励员工在工作上更加独立，这可以让员工更积极主动，也给予了员工更多空间，让他们充分发挥智慧。

比亚迪鼓励员工互相交流学习，彼此间不分等级，让公司的氛围更加融洽；注重企业文化建设，培养员工的集体认同感，让每个员工更有参与意识。

思考：讨论以人为本的管理理念的重要性。

第1节 家族制商业文化

家族制企业是指企业的所有权和经营权全部或绝大部分归一人或一个家族所有的企业模式。这通常意味着家族成员控制企业的决策权和经营权，并将其传递给下一代。在家族制企业中，家族成员通常拥有企业的股份，并且在企业内部担任重要职位。家族制企业可以说是一个古老而"短暂"的企业组织形态。

当前，家族制管理模式主要被中小型企业采用。企业创立之初，会面临资金缺乏、规模小、市场上存在着较多的不确定因素等问题，而家族制管理能够有效解决企业所遇到的各种问题。此外，在企业建设的过程中，由于有血缘关系作为纽带，一些管理制度的实施也要相对容易一些。

一、家族制管理的制度设计

1. 所有权与经营权合一

家族制企业的一个显著特点是所有权与经营权合一。家族成员既是企业的所有者，也是企业的经营者。这种制度安排使得家族成员能够更加直接地参与企业决策，并对企业的经营成果负责。然而，这也可能导致企业决策过于依赖家族成员的个人判断，从而降低决策的科学性和客观性。

2. 股权高度集中

家族制企业的股权通常高度集中在家族成员手中，外部投资者的持股比例较小。这种股权结构有助于家族保持对企业的控制，但也限制了企业的融资渠道和资本运作能力。

3. 家族继承制

家族继承制是家族制企业的重要特色之一。在家族继承制下，家族企业通常由长子继承，其他子女则需自行开辟发展道路。这种继承制度有助于保持家族的团结和企业经营的连续性，但也容易引发继承纠纷和权力斗争。

4. 家长式管理

家长式管理是家族制企业的典型管理模式。在这种模式下，家族长辈或权威人士在企业中拥有绝对的决策权，其他家族成员和员工需服从其决策。家长式管理具有决策迅速、执行力强的优点，但也容易造成权力过度集中，削弱其他家族成员和员工的参与感和归属感。

5. 高度集权与分权相结合

家族制企业在集权与分权之间寻求平衡。在关键领域和重大决策上，家族长辈或权威人士拥有绝对权力；但在日常经营和具体业务上，其赋予其他家族成员和员工一定的自主权和决策权。这种高度集权与分权相结合的管理方式有助于提高企业的灵活性和适应性。

6. 亲情与制度共存

家族制企业在强调亲情的同时也注重制度的建立和完善。在家族制企业内部，亲情是维系企业凝聚力和稳定性的重要纽带；同时，企业也通过制定明确的规章制度来规范家族成员和员工的行为，确保企业的正常运营和发展。这种亲情与制度共存的特色有助于家族制企业在激烈的市场竞争中保持竞争优势。

7. 家族利益高于一切

在家族制企业中，家族利益被置于最高地位。企业决策通常以维护家族利益为出发点，有时甚至不惜牺牲企业或员工的利益。这种以家族利益为核心的价值观有助于维护家族的团结和企业经营的稳定性，但也容易导致短视行为和企业发展的局限性。

8. 注重家族传统和价值观

家族制企业在长期发展中形成了独特的传统和价值观，这些传统和价值观对企业的经营和发展产生了深远影响。家族长辈和权威人士通过言传身教将这些传统和价值观传递给下一代，以确保企业的传承和发展。然而，过于强调家族传统和价值观也可能导致企业难以适应市场变化和难以满足社会发展需求。

二、家族制企业存在的问题

1. 企业资金单一

资金对于企业的建设和发展来说十分重要，可以说是企业发展的根本保障。家族制企业中的各个部门管理者大都是带有血缘关系的，而企业在发展的过程中为了防止资金外流，很少进行融资，企业的投资者主要是亲属，导致企业资金单一。而且，在企业发展的过程中，资金问题容易引发一些产权上的纠纷，不利于企业做大做强。

2. 员工选拔不够科学

众所周知，人情在人际交往中对人们的影响非常大，家族制企业的部门管理者往往有一定的血缘关系，人情是其在管理过程中避不开的枷锁，这就很可能会出现任人唯亲的现象。人才是企业不断发展进步的坚实保障，家族制管理模式可能会造成人才匮乏。

3. 企业的决策机制有待完善

为了发展，企业必须要不断地提高完善决策机制的能力。决策往往不能由一个或两个人来决定，它需要决策团队经过屡次商讨才能最终落实。但是在家族制企业中，决策权往往掌握在家族成员手中，其凭借自身的一些经营经验来进行决策，这种决策方式过于武断，决策效率低，不利于企业的发展。

4. 企业管理不够标准

企业管理是促进企业发展的重要因素，良好的企业管理有助于企业的健康发展，反之，糟糕的企业管理也有可能使企业经营不善，面临倒闭的危机。家族制企业中，由于员工和管理者往往具有血缘关系，管理的过程中难免会出现公私不分的情况，个人意志容易凌驾于制度管理之上，导致管理工作不到位。

三、现代家族制企业管理转型之路

1. 充分认识家族制管理向现代企业管理转变的必要性和紧迫性

在使家族制管理向现代企业管理转变的时候，企业经营者及其管理团队必须认识到家族制管理存在的种种弊端，以及这种转变的必要性和紧迫性。家族制管理更适用于企业创立阶段。在企业创立之初，融资较为困难，资金链稍有差池就会使企业遭遇不顺，此时实施家族制管理往往能有效地解决这个问题。

同时，在企业发展的早期，家族制管理使得企业更加团结、更有凝聚力。但是随着经济的增长，企业进入成长期以后，家族制管理已经不能满足企业发展的需要。例如，企业的规模不断扩大，融资方式也变得更多，企业朝着更加多元的方向发展，其竞争方式也逐渐由技术竞争转变为人力资源竞争。对于这些变化，现代企业管理能够有效应对。

2. 以企业本位的管理文化取代家族本位的管理文化

文化对企业的发展有极为深远的影响。家族制管理向现代企业管理转变也可以从企业文化方面入手。在转变的时候，企业遇到的许多困难都与家族本位的管理文化有关。因为在家族制管理过程中，许多经营者和管理者受自身思维的局限，更为注重家族利益，这在一定程度上会影响企业的发展，而企业本位的管理文化则是以企业利益为主。因此，企业必须充分了解现代市场发展的实际需要，将发展放在第一位，将发展同企业本位的管理文化联系在一起，促进自身的良性发展。

3. 建立合理的员工选拔机制，完善决策机制

优秀的员工是企业能够不断发展的根本条件，任何一家优秀的企业都希望拥有更多优秀的员工。在家族制管理向现代企业管理转变的时候，企业首先要做的就是要摒弃传统的任人唯亲的员工选拔方式，学会根据实际发展需求建立适宜的员工选拔机制，培养优秀的人才，促进自身的发展。

如上文所述，在家族制企业中，决策多是由经营者制定的，决策者多是以自己的个人意志来进行决策的，这种决策方式会给企业的发展带来隐患。

而要使家族制管理向现代企业管理转变，就必须要改变这种决策方式，使决策变得更加科学。比如，企业里可以成立专门的决策团队或者董事会，每做一个决策之前，决策团队或董事会都要进行商议，对于一些引发争论的决策进行投票表决，尽可能完善决策机制，使各种决策更加科学民主。

总之，家族制管理向现代企业管理转变是企业发展的必然趋势。现代企业管理模式更加科学，有助于企业更好地进行员工管理，推行各种管理制度，促进企业发展，提升企业的竞争力。

知识窗口

家族制企业

1. 家族制企业的三大形态

（1）夫妻型。这种企业最初为夫妻店，经营规模不大时，夫妻俩不分主次，吃苦耐劳，相互提携，相互支撑；经营规模变大后，如果以丈夫为主，妻子辅助，一般来说其稳定性更强。

（2）兄弟型。兄弟合伙一起闯天下时，团结一致，可以不计较得失，联合起来抵御外在风险。但一旦企业做大了，兄弟之间可能产生裂痕和矛盾，谁应该坐第一把交椅很容易成为一个解不开的死结。

（3）父子型。这是一种稳定的家族制企业形态。主要原因是，中国有子承父业的悠久传统，这在人们眼里，包括在家族内部也是天经地义的事情，较少有什么非议，在伦理上也保证了企业的稳定性。

2. 家族制企业的文化

家族制企业的文化以血缘关系为基础，其特征如下。

（1）权威与亲情交织的"家文化"。"家文化"是体现家长权威和家族亲情的文化。这种企业文化表现为独断、权威、事必躬亲，员工主动性差，一切以听从管理者的指挥为主。

（2）家族利益高于一切的"家族主义"。"家族主义"把个体完全归属于家族，强调个人利益服从家族利益，追求家族的兴旺、发达和荣耀。这种企业文化强调家族利益，可以使家族成员产生强烈的成就动机，促使其去追求事业的成功。"家族主义"还表现为家族成员相亲相爱、相互帮助、相互扶持、同舟共济，创业依靠家长，成功惠及家族。

（3）子承父业的"继承制"。在中国传统文化中，嫡长子继承制延续了数千年。要想维持家族的延续，儿子就要传承父辈的事业，并将之发扬光大以振家风，提高家族的社会地位。如果大权旁落在外人手中，则被认为是"将祖宗的家业败坏在自己的手上"。

（4）血缘关系以外的"低信任度"。家族制企业中，血缘关系是信赖的基础。信任度的高低由内部成员之间存在的血缘、亲缘、友缘、学缘、地缘等关系的亲密程度决定。家族制企业的领导者（核心圈）由创业者及其继承人组成，重要岗位由具有血缘、亲缘关系的近亲组成，一般岗位由远亲和朋友组成。

（5）血缘关系下的凝聚力与离心力共存。一方面，家族制企业创立初期，家族成员一荣俱荣、一损俱损，大家为了追求家族利益，可以暂时放弃（甚至牺牲）个人利益，不怕苦、不怕累、不计个人得失，拧成一股绳，共谋企业的发展。另一方面，由于成果分配依靠亲情机制，不能够满足不同的家族成员的欲望，他们为了追求各自的利益，会形成不同的利益群体与核心层并互相对抗，导致矛盾不断激化，离心力加大，企业发展困难。

（6）建立在家长权威基础上的"独断专行"。一方面，企业领导独断、权威、事必躬亲，使员工产生惧怕领导、按领导的指示行事的心理；另一方面，由于家族成员占据着重要的管理位置，家族利益和企业利益高度一致，大家为了共同的目标而努力，所以家族企业容易协调各部门的关系，政令通达，易于控制与管理。

（7）建立在家族利益一致基础上的"高保密度"。家族成员身居要职，掌握着企业的核心秘密，由于家族利益和企业利益高度一致，他们会严守秘密，从而使企业在激烈的竞争中立于不败之地。而且家族成员和睦相处和互相信任可以大大降低企业的管理成本。

✱ 思考

目前很多国内民营企业已经进入了二代接班的阶段，你是如何看待这种企业管理和财富传承方式的？

第2节 数智时代的商业文化

一、数智时代的经济特征

数智时代并不是简单地用"电商、平台、B2B、O2O"就可以概况和总结的，云计算、物联网、移动互联网、大数据技术的进步正在重组生产和生活方式，逐渐构建新的价值体系。企业只有找准自身在经济活动中的定位，才能在变化莫测的商业环境中找到自身的发展道路。数智时代有以下 4 个典型的经济特征。

1. 消费者身份、时间、空间的分离及重组，构建新消费场景

在工业时代，消费者的身份、时间和空间是在一起的，无论是在百货公司、大型超市，还是在便利店，消费者只能在同一时间、同一地点出现。

而在数智时代，第一阶段，以淘宝、京东为代表的电商平台实现了将消费时间和空间分离，这让消费者在任何时间可以购买不同地方的产品；第二阶段，4G 技术的成熟、移动互联网的发展，实现了人人在线和时时在线，这让消费者再也不单纯是一个购买者，可以是打赏者、评论者、传播者……消费者的身份、时间、空间都实现了分离；第三阶段，按照消费者场景化的思维，重组人、时间、地点、动机、价值等各种信息和资源，催生了满足最后一公里出行需求的共享单车、满足公共出行需求的滴滴等各种新型的融合软硬件技术的综合商业形态。

2. 个性化时代的崛起，分散的权威中心定义基础的传播渠道

随着富裕时代的来临，依据马斯洛的理论，大众更加追求情感、个性认同的需求。互联时代用文字（微博、微信）、语音（喜马拉雅）、视频（抖音、快手）为个性的宣扬提供了丰富的平台。

个体化时代，大众往往更在意自己所在的细分组织中的权威人士所提供的观点和论断。社会正在由中心权威源向众多细小权威源转变，并重新构成扁平化和碎片化的社会结构，个体化权威正在发挥越来越重要的作用。

"网红"经济、粉丝经济、社交电商和社群经济等发挥作用的关键就在于个人权威或者组织权威的不断兴起，分散的权威中心正在定义基础的传播渠道。

3. 生产者和消费者的融合，孕育全新的商业文明

农业时代，生产者和消费者是统一的，自给自足，自产自销；工业时代，分工不断细化，生产者和消费者不再统一，这是工业时代的基本特征，也为以"规模"经济为基石的大规模生产方式奠定了基础。

在互联网时代，生产者和消费者又趋于融合，如采用了一种之前从未出现过的组织方式来构建大百科全书，人人都是创造者，每个人都能对互联网上的词条进行修改和编辑，每个人也是消费者，可免费使用互联网。这种在工业时代不可想象的组织模式，却在互联网时代取得了巨大的成功。互联网是一种公众平台，每个人都是创造者和生产者。

淘宝发展初期提出的 C2C 商业模式本质上也是将消费者变成生产者，在淘宝网上基于自身资源出售商品，同时也购买商品，这种模式迅速增加了淘宝的用户数量，奠定了淘

宝未来发展的基础。

消费者和生产者的融合正塑造着全新的价值体系，孕育着全新的商业文明。

图：阿里巴巴

4．供应链向需求链的转化，成为基础的商业规则

工业时代，企业雇用专业的调查公司收集消费者信息，定制自己的营销策略，表面上看好像是以消费者为中心，实际存在着两大问题。第一，消费者所说的并不代表其真实想法，比如调研消费者对于某位公众人物的态度，消费者的回答充满了随意性，调研结果并不能体现其本意。最具代表性的例子为可口可乐要修改其配方，其调研结果显示大众非常期待采用新配方的产品，而这种产品推出后遭遇了滑铁卢，差点毁掉可口可乐这个百年品牌。第二，企业虽然收集了消费者信息，但是从生产模式来看，仍然采用大批量生产的模式、先生产后销售的模式，而消费者的意见是一次性的，企业与消费者无法持续互动，消费者对产品的态度、消费者新的诉求无法反馈到生产系统当中，以"消费者为中心"只是一句口号。

二、数智时代的商业文化特征

1．创新引领

在数智时代，创新是企业发展的核心驱动力。数智时代的商业文化鼓励企业不断尝试新方法、新技术，以创新驱动业务增长。企业应注重培养创新型人才，建立创新机制，确保在激烈的市场竞争中保持领先地位。

2．数据驱动

在数智时代，数据成为企业决策的重要依据。数智时代的商业文化强调数据的收集、分析和应用，以数据指导业务发展和战略调整。企业应通过建立完善的数据治理体系确保数据的准确性和时效性，为决策提供有力支持。

3．以客户为中心

在数智时代，企业更加注重客户体验。数智时代的商业文化强调以客户为中心，通过数字化手段深入了解客户需求，为客户提供个性化服务。企业应利用大数据和人工智能技术实现精准营销和定制化服务，提升客户满意度和忠诚度。

4. 开放合作

在数智时代，开放合作是企业发展的必由之路。数智时代的商业文化倡导开放合作，企业应积极寻求与合作伙伴、供应商、客户的共赢模式。通过建立生态系统和共享平台，企业之间能够实现资源共享、优势互补，共同应对市场挑战。

5. 持续学习

在数智时代，持续学习成为企业发展的重要保障。数智时代的商业文化鼓励员工不断学习新知识、新技能，以适应不断变化的市场环境。企业应通过建立学习型组织为员工提供培训和发展机会，激发员工的潜能和创造力。

三、数智时代的互联网思维

1. 互联网思维强调以用户为中心

传统企业想要进行转型，首先要摒弃"用户至上"这种思维方式。在这种思维方式中，企业只给付费的人提供服务。然而，在互联网思维中，使用产品或服务的人才是真正的用户。互联网思维中最重要的就是"以用户为中心"的用户思维。很多通过互联网思维获得成功的企业，在营销时不仅免费提供产品，甚至倒贴钱进行宣传。

很多传统企业不理解这种方式，认为这种行为简直不可理喻。但互联网思维就是这样，首先要积攒用户，以用户为基础建立商业模式。

2. 互联网思维强调超出用户的预期

现如今，许多产品高度同质化，企业的产品怎么才能从众多产品当中脱颖而出呢？如果企业的产品达到极致，超出用户的预期，自然就会从众多产品中脱颖而出。但是这不是一蹴而就的，产品需要不断完善才能够吸引用户。

很多传统企业把产品售卖出去后，就不再管用户的使用情况了。而在互联网思维中，把产品售卖出去仅仅是一个开始。企业只有把握住用户需求的变化，利用用户的参与和反馈逐步改进产品，快速迭代产品，才能够逐渐取得成功。例如，免费的杀毒软件其实不止360一个，小红伞、Avast等国际知名杀毒软件都有免费版供用户使用，但360不断更新，贴近用户需求，最终甩开其他竞争对手，成为杀毒软件中真正的巨头。

3. 互联网思维强调重视用户体验

在这个社会化媒体时代，好的产品即使没有广告，也会自然而然地形成口碑，甚至成为社会话题。企业如果不重视用户体验，哪怕将产品做得再好，最终也只能走向消亡。现在的手机市场中，苹果手机的市场占有率远低于安卓手机，苹果手机的价格定位是其中一个原因，但更主要的原因在于安卓手机系统的开放性，它让用户能够更深入地参与系统的优化与更新。传统企业如果没有认识到重视用户体验的重要性，就很可能遭受挫折。

4. 互联网思维强调转变商业模式

互联网思维强调的不是获得盈利，而是获取用户，这正是其与传统思维不同的地方。传统企业奉行的"酒香不怕巷子深"的理念在互联网时代已经不完全适用了。互联网企业的商业模式是通过传播让用户在看到产品前就了解到产品有多好，甚至让用户自发宣传产品，成为粉丝。例如，小米手机的商业模式就是这样。在这种模式下，用户获得免费的产品成了可能。

企业通过免费策略争取用户，用户达到一定数量后，就可以为企业带来质变。腾讯QQ也是在宣布供用户免费使用后，才使用户数量得到爆发式的增长，最终成为互联网巨头之一。当然，无论是传统企业还是互联网企业，获得盈利都是最终目的，产品免费是手段，目的是打造新的价值链，通过广告、增值服务等方式获得盈利。

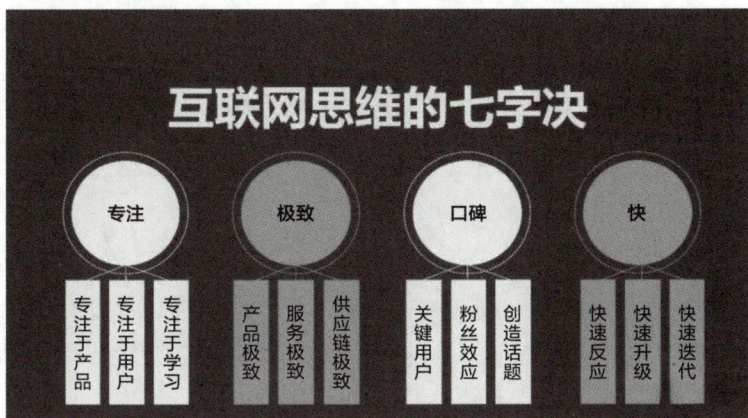

图：互联网思维的七字诀

商业知识

长尾理论与二八定律

1. 长尾理论

长尾理论是指只要产品存储和流通的渠道足够大，需求不旺或销量不佳的产品所共同占据的市场份额可以和那些少数热销产品所占据的市场份额相匹敌甚至更大，即众多小市场可汇聚成与主流市场匹敌的市场能量。通过研究互联网零售商的销售数据，人们观察到一种符合统计规律（大数定律）的现象。这种现象恰如以销量、种类二维坐标上的一条需求曲线。该曲线拖着长长的尾巴，向代表"种类"的横轴尽头延伸，长尾由此得名。

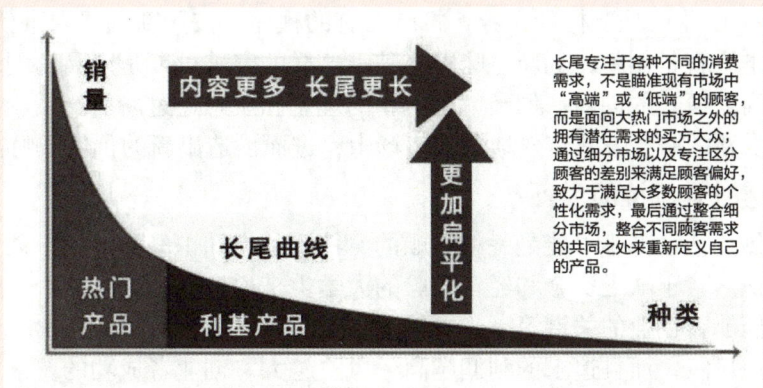

长尾专注于各种不同的消费需求，不是瞄准现有市场中"高端"或"低端"的顾客，而是面向大热门市场之外的拥有潜在需求的买方大众；通过细分市场以及专注区分顾客的差别来满足顾客偏好，致力于满足大多数顾客的个性化需求，最后通过整合细分市场，整合不同顾客需求的共同之处来重新定义自己的产品。

图：长尾理论

2. 二八定律

二八定律是指在任何一组东西中，最重要的只占其中一小部分，约 20%，其余 80% 尽管是多数，却是次要的。以这条定律分析，在销售公司里，80% 的销售额是 20% 的商品带来的；在经营上，20% 的企业控制 80% 的市场。

第3节　创业精神与企业家精神

一、创业精神的概念

精神是指人的意识、思维活动和一般心理状态。因此，创业精神是指创业者的意识、思维活动和一般心理状态。具体来说，创业精神是创业者的主观世界中的思想，是创业者具有的开创性思想、观念、个性、意志、作风和品质等。

创业精神有以下 3 个层次的内涵。

（1）哲学层次的创业思想和创业观念，是人们对于创业的理性认识。

（2）心理学层次的创业个性和创业意志，是人们创业的心理基础。

（3）行为学层次的创业作风和创业品质，是人们创业的行为模式。

二、创业精神的本质

创业精神既是创业的源泉和动力，也是创业的支柱。创业过程充满了艰难和困苦，没有创业精神，就不会有创业行动，创业也就无从谈起；即使开始创业，也往往是浅尝辄止、半途而废。因此，创业精神对于创业来说至关重要。创业精神的本质是创业者在创业过程中重要行为特征的集中体现，主要表现为创新、冒险、合作、务实、执着。

1. 创新是创业精神的灵魂

创业是一种创造性的活动，创新是创业的核心，创业离不开创新。美国著名管理学大师德鲁克认为："创业就是要标新立异，打破已有的秩序，按照新的要求重新组织。"由此可见，创业的本质就是创新，创新意味着突破。这样的突破可以是产品的创新、技术的创新，也可以是商业模式的创新。创新就是将新的理念和设想通过新的产品、新的流程、新的市场需求以及新的服务方式有效地融入市场中，进而创造出新的价值或财富的过程。

2. 冒险是创业精神的天性

任何一项创业活动都不可能是一帆风顺的，特别是在知识经济时代，创业者必须具有较强的风险意识。对于缺乏资金和经营经验的大学生来说，面对机会能否冒险并果断做出决策是决定他们能否创业的关键第一步。创业是充满风险的，有研究指出，创业者为追求成功就必须承担风险，而且追求的利润越高，风险越大。创业者成功的要素之一就是敢于承担风险。中外无数创业者虽然成长环境和创业机缘各不相同，但许多都是在条件极不成熟和外部环境极不明确的情况下敢为人先，勇于做"第一个吃螃蟹的人"。

3. 合作是创业精神的精髓

社会发展到今天，行业的分工越来越细，没有谁能一个人完成创业所需要完成的所有事情。真正的创业者都是善于合作的，而且还能将这种合作精神传递给企业的每一个员工。面临困境时，企业员工能齐心协力，团结一心，共渡难关。合作是创业精神的精髓，是创业的重要影响因素。

4. 务实是创业精神的归宿

务实是中华民族自古以来就非常重视和提倡的一种精神，它要求人们办实事、求实效，以达到名实相符。创业就是要创立一番事业，它是一种实实在在的实践活动，需要创业者扎扎实实地付出努力。要实现创业的目标，就必须脚踏实地地、创造性地劳动。没有这种务实的精神，人们就无法确定创业精神与社会需要之间的价值关系，就无法使创业的理念变为现实，使创业计划变成财富，也无法实现创业的根本价值。

5. 执着是创业精神的本色

创业的道路是坎坷的，选择了创业就是选择了面对更多的困难，迎接更多的挑战，而创业精神就体现在战胜困难与挑战的过程中。因此，创业者必须坚持不懈，知难而进，在战胜困难与挑战的过程中学会成长，这样才能抓住属于自己的机会。

延伸阅读

C919 大型客机

央视新闻 2022 年 12 月 9 日报道，中国自主研发的 C919 大型客机（以下简称"C919"）正式交付，这终结了那个"8 亿件衬衫换 1 架飞机"的时代。

报道称，这架 C919 从上海浦东国际机场起飞，目的地为上海虹桥机场，中国东航是这架飞机的用户，这也是其首次使用国产 C919。

图：C919 大型客机

中国在 2006 年就发布了国产大型客机的发展计划，如今十几年过去，中国终于圆了研发大飞机的梦想。C919 是完全自主知识产权的成果，不过中国参考国际惯例，引进了许多国际合作伙伴，鼓励国际供应商在华发展，以推动国内民机市场的发展。也就是说，C919 只是里程碑式的成就，也是一个新的开端，未来中国要打造规模更大的民机市场，这有助于航空工业技术和市场进一步蓬勃发展。

中国生产出 C919 后，美国波音公司通过社交媒体以"波音中国"的账号发文，祝贺中国商飞 C919 交付，并庆祝全球民航机场又多了一款新机型。欧洲空客也通过社交账号发帖，对 C919 交付中国东航表示了热烈祝贺。

"8 亿件衬衫换 1 架飞机"的时代已经一去不复返，不过，C919 只是中国在大飞机领域迈出的第一步。C919 只是一个开始，未来中国要完善自己的产业，形成自己的市场，逐步掌握更多更先进的技术，确保民航技术市场的全面成长。

思考：结合上文，谈谈你对国际贸易的本质的理解，并说明这种交易的必要性和重要意义。

三、企业家精神的内核

企业家精神是企业家这个特殊群体所具有的共同特征，是他们所具有的独特的个人素质、价值取向以及思维模式的抽象表达，是对企业家理性和非理性逻辑结构的一种超越、升华。人们日常也把它看作是成功的企业家个人内在的经营意识、理念、胆魄和魅力，并以此为标尺识别、挑选和任用企业家。

1. 创新是企业家精神的灵魂

熊彼特关于企业家是从事"创造性破坏"的创新者的观点，凸显了企业家精神的实质和特征。一个企业最大的隐患就是创新精神的消亡。创新必须成为企业家的本能，但创新不是"天才的灵光闪现"，而是企业家艰苦工作的结果。创新是企业家活动的典型特征，涉及产品创新、技术创新、市场创新、组织形式创新等。创新精神的实质是"做不同的事，而不是将已经做过的事做得更好一些"。

2. 冒险是企业家精神的天性

没有甘冒风险和承担风险的魄力，就不可能成为企业家。企业创新风险是二进制的，要么成功，要么失败，企业家没有别的第三条道路。对众多企业而言，虽然其创始人的生长环境、成长背景和创业机缘各不相同，但他们中的许多人都是在条件极不成熟和外部环境极不明晰的情况下敢为人先，第一个跳出来"吃螃蟹"。

3. 合作是企业家精神的精华

企业家在重大决策中实行集体行为而非个人行为。真正的企业家其实是擅长合作的，而且这种合作精神需要被传递给企业的每个员工。企业家既不可能也没有必要成为一个超人，但应努力成为"蜘蛛人"，要有非常强的"结网"的能力和意识。

4. 学习是企业家精神的关键

荀子曰："学不可以已。"彼得·圣吉在其名著《第五项修炼》中说道："真正的学习，涉及人之所以为人此一意义的核心。"学习与智商相辅相成，从系统思考的角度来看，企业家必须持续学习和终身学习。

5. 执着是企业家精神的本色

只有持续不断地创新，以夸父追日般的执着咬定青山不放松，才可能稳操胜券。在发生经济危机时，资本家可以变卖股票退出企业，劳动者亦可以退出企业，然而企业家却是唯一不能退出企业的人。正所谓"锲而舍之，朽木不折；锲而不舍，金石可镂"。

6. 诚信是企业家精神的基石

诚信是企业家的立身之本，是企业家绝对不能摒弃的原则。市场经济是法治经济，更是信用经济、诚信经济。没有诚信的商业社会将充满极大的道德风险，这将显著抬高交易成本，造成社会资源的巨大浪费。

第4节　以人为本的商业文化

一、以人为本的商业文化的内涵

以人为本的商业文化是一种以员工和客户为中心，注重人的需求、价值和尊严的文化。它强调的是团队的合作、创新和学习的精神，以及企业的社会责任和可持续发展。这种文化主要体现在以下几个方面。

1. 团队的合作和共同成长

以人为本的商业文化重视团队的合作和共同成长。企业鼓励员工之间交流和合作，以共同的目标为导向，营造协同工作的氛围。

2. 创新和学习

以人为本的商业文化鼓励员工不断地学习新的知识和技能，以适应变化的市场环境。同时，这种文化也鼓励员工提出新的想法和解决方案，不断地创新和改进。

3. 客户至上

以人为本的商业文化以客户的需求为导向，强调努力提供优质的产品和服务，以满足客户的需求。同时，这种文化也关注客户的体验和反馈，以持续地改进产品和服务。

4. 关注员工福祉

以人为本的商业文化注重员工的福利和成长，强调为员工提供良好的工作环境和福利待遇，支持员工的职业发展，使员工的工作和生活质量更好。

5. 社会责任和可持续发展

以人为本的商业文化注重企业的社会责任和可持续发展，鼓励企业积极参与公益事业，关注环境保护和社会公正。

二、以人为本的管理实践

1. 客户需求满足

新时代的商业文化要求企业将客户的需求置于首位。企业需要深入了解客户的需求和期望，提供个性化的产品和服务，以满足客户的需求。同时，企业应关注客户体验，通过持续改进和优化服务流程，提高客户满意度和忠诚度。

2. 员工价值尊重

员工是企业发展的重要推动力，新时代的商业文化强调对员工价值的尊重。企业应关注员工的成长和发展，为员工提供良好的工作环境和培训机会，激发员工的潜力和创造力。同时，企业应倡导公正公平的薪酬制度和晋升机制，让员工分享企业的成长成果，通过员工的参与和贡献实现持续发展。

3. 社会责任承担

新时代的商业文化要求企业积极承担社会责任。企业应关注环境保护、公益事业等方面，积极参与社会公益活动，为社会做出贡献。同时，企业应遵守法律法规，保障员工权益，推动商业伦理建设，塑造良好形象。通过履行社会责任，企业可以提升品牌形象和社会影响力，为可持续发展奠定基础。

4. 诚信经营理念

诚信是新时代的商业文化的重要组成部分。企业应遵循诚信经营的原则，建立良好的商誉和信誉。在经营活动中，企业应遵循商业道德和职业道德规范，做到言行一致、守信守约。同时，企业应建立健全的内部控制机制，提高风险管理水平，保障稳健发展。通过诚信经营，企业可以赢得客户的信任和合作伙伴的认可，提升市场竞争力。

5. 创新驱动发展

创新是新时代的商业文化的重要驱动力。企业应关注市场动态和科技发展趋势，积极探索新的商业模式和技术应用方式，以提高效率和竞争力。同时，企业应培养员工的创新意识，激发员工的创新潜力，推动自身不断创新和发展。通过创新驱动发展，企业可以适应市场变化和满足客户需求，实现可持续发展。

三、商业模式设计的归宿

人性化是商业模式设计的归宿，商业模式设计需要考虑人性的各个方面，人们的需求和欲望是多种多样的，而且随着社会的发展和变化而不断变化。因此，商业设计需要不断地研究和了解人性，以适应人们的需求和欲望。

商业模式设计需要考虑人性的各个方面，具体如下。

（1）生理需求。人们的基本生理需求，如食物、水、睡眠等，是商业设计需要考虑的基本因素。商业设计需要考虑人们的生理需求，以创造出真正符合人们需求的产品或服务。

（2）心理需求。人们的心理需求也是商业设计需要考虑的重要因素。人们的需求和欲望不仅仅是物质上的，还包括精神上的。商业设计需要考虑人们的情感、认知、动机等方面的需求，以创造出真正符合人们需求的产品或服务。

（3）社会需求。人们的社会需求也是商业设计需要考虑的重要因素。人们生活在社会中，需要与他人进行交流和互动。商业设计需要考虑人们的社交需求、身份认同需求、归属感等方面的需求，以创造出真正符合人们需求的产品或服务。

（4）文化需求。人们的文化需求也是商业设计需要考虑的重要因素。不同文化背景下的人们有着不同的价值观、信仰、审美观念等，商业设计需要考虑这些差异，以创造出真正符合人们需求的产品或服务。

中华商业文化（微课版）